第1章

本年の課題の分析

● 課題名
観光客向けのゲストハウス（簡易宿所）
（鉄筋コンクリート造）

要求図書

● 1 階平面図兼配置図 ［縮尺 1/100］

● 各階平面図 ［縮尺 1/100］

● 立面図 ［縮尺 1/100］

● 断面図 ［縮尺 1/100］

● 部分詳細図 (断面) ［縮尺 1/20］

● 面積表

● 計画の要点等

（注1）各階平面図については、試験問題中に示す設計条件等において指定します。

（注2）答案用紙には、1 目盛が 5 ミリメートル (部分詳細図 (断面) については 10 ミリメートル) の方眼が与えられている。

注意事項

試験問題を十分に読んだうえで、「設計製図の試験」に臨むようにしてください。

なお、建築基準法等の関係法令や要求図書、主要な要求室等の計画等の設計与条件に対して解答内容が不十分な場合には、「設計条件・要求図書に対する重大な不適合」と判断されます。

① 今年度課題について

（1）課題テーマの整理

今年度は「観光客向けのゲストハウス（簡易宿所）」という出題となった。

住宅要素を伴わない出題は、令和4年の「保育所（木造）」以来、鉄筋コンクリート造では平成24年の「多目的スペースのあるコミュニティ施設 [鉄筋コンクリート造（ラーメン構造）2階建]」
以来となる。

近年の試験に共通して言えることだが、課題の内容如何を問わず、建物の構成要件を整理・理解しているか、出題者（施主）の要望に正確に応えているかなど、本来、建築士に求められる技量を問う出題になっている。

つまり、「ゲストハウスについて専門家になる」ことが重要なのではなく、試験当日までに「ゲストハウス（簡易宿所）」という宿泊施設に対し、基本事項、必要なしつらえを学習し、計画・構造・設備等に関する知識をフル活用しながら、要求事項に正確に応えた計画ができることが重要なのである。そのことは、課題公表時に架構形式や階数について指定されなかったことや、「建築基準法等の関係法令や要求図書、主要な要求室等の計画等の設計与条件に対して解答内容が不十分な場合」との文言が追記されたことからも容易に推測できる。

　過去、宿泊施設として、次のような出題がある。
◆ 平成12年「高原に建つペンション」（鉄筋コンクリート造2階建）

　また、室の構成要素等が参考になりそうな出題として、次のようなものがある。
◆ 令和02年「シェアハウスを併設した高齢者夫婦の住まい」（木造2階建て）

　以下、最近の鉄筋コンクリート造の課題を列記する。
◆ 令和03年「歯科診療所併用住宅」（鉄筋コンクリート造）
◆ 平成30年「地域住民が交流できるカフェを併設する二世帯住宅」（鉄筋コンクリート造（ラーメン構造）3階建て）
◆ 平成27年「3階に住宅のある貸店舗(乳幼児用雑貨店)」（鉄筋コンクリート造（ラーメン構造）3階建）
◆ 平成24年「多目的スペースのあるコミュニティ施設」（鉄筋コンクリート造（ラーメン構造）2階建）
◆ 平成21年「商店街に建つ陶芸作家のための工房のある店舗併用住宅」（鉄筋コンクリート造（ラーメン構造）3階建）
◆ 平成18年「地域に開かれた絵本作家の記念館」（鉄筋コンクリート造（ラーメン構造）2階建）

（2）課題テーマの出題分析

今年度の課題テーマのキーワード
◆ 観光客向けのゲストハウス（簡易宿所）

◆ ゲストハウス（簡易宿所）

「簡易宿所」は、旅館業法第二条3項に規定された宿泊施設であるため、出題の「ゲストハウス」は、旅館業法上の「簡易宿所」を指すものと判断する。

旅館業法では、宿泊施設は「旅館・ホテル」、「簡易宿所」及び「下宿」に分類され、そのうち「簡易宿所」は、「宿泊する場所を多数人で共用する構造及び設備を主とする施設」と定義されている。

文中の「多数人で共用する」という表記は、相互に関係のない者同士が共同で使用する「相部屋」を中心に構成されるものを指し、1人または1家族を宿泊させる個室のみで構成された施設は該当しないと解釈される場合が多い。つまり、この形態であれば、山小屋、ユースホステル、セミナーハウス、ドミトリー、B&B（ベッドアンドブレックファスト）、カプセルホテル、グランピング施設等も、「簡易宿所」ととらえることができるだろう。

◆ 観光客向け

ゲストハウスという言葉の響きからは、「別荘」、「コンドミニアム」、「迎賓館」等もイメージできなくもないが、「観光客向け」とすることにより、上記のイメージを払拭し、宿泊施設であることを明確に示していると思われる。

また訪日外国人が増加し、日常的に「インバウンド」という言葉が使われるようになった近年、「観光客」＝「外国人」というイメージを抱きがちであるが、ここでいう「観光客」は、その旅の目的、国籍、年齢、性別、滞在期間、同行人数等において多岐にわたるものととらえるべきだろう。

◆ 「ゲストハウス（簡易宿所）」の構成

前述の通り、「簡易宿所」は、「宿泊する場所を多数人で共用する構造及び設備を主とする施設」である。
法令上必要とされているものは
- 客室
- 適当な換気、採光、照明、防湿、排水設備
- 宿泊者の需要を満たす適当な規模の入浴設備、洗面設備、適当な数の便所

もちろんこれは法令の示す最低限の構成要件であり、必要十分条件ではない。

「ゲストハウス（簡易宿所）」について、もう少しイメージを膨らませながら、具体的な室を想定し、それらのゾーニング、

施設利用者の動線も整理しながら見てみよう。

◆ 宿泊・共用部分

客室等宿泊者が使用する部分。

客　　　　室：一室1〜8人程度が宿泊することを想定
延べ面積33㎡以上
（宿泊者数10人未満の場合は3.3㎡に宿泊者数を乗じて得た面積）。
収容定員に応じて十分な広さを有していること。
この面積は内法寸法で測定し、床の間、押入れ、共用の廊下等は含まない。
便所、浴室（シャワー室）、洗面所の一部あるいは全てを室内に設ける場合もある。

水　廻　り：便所、浴室（シャワー室）、洗面所、給湯室、洗濯室等
共同便所を設ける場合は男女別に、適当な数を設ける。

交流スペース：ラウンジ、食堂、シェアリビング、共同ダイニング、カフェスペース、談話コーナー等
相互に関係のない者同士が共同で使用する施設であるからこそ、そこでの出会い、交流は、施設に宿泊する醍醐味であるといえる。
客室内での会話から、複数の宿泊者同士の談話や食事、地域住民を交えたワークショップなど様々な交流の形が考えられるため、その形に応じたしつらえが求められる。

そ　の　他：情報（観光・地域）コーナー、ベンダーコーナー、アメニティコーナー等
交流スペース近辺に設けるのが望ましい。

◆ 管理部分

施設の管理者が使用する部分。

玄関帳場：簡易宿所の場合、玄関帳場、フロントまたはこれに類する設備を設けるのが望ましい。
荷物預け所（クローク）が付随する場合もある。

管理諸室：事務室、休憩室、管理人室等
（施設の運営、管理形態によって必要諸室は異なる。）

そ　の　他：厨房（食事提供をする場合）、給湯室、リネン室、倉庫、従業員便所等

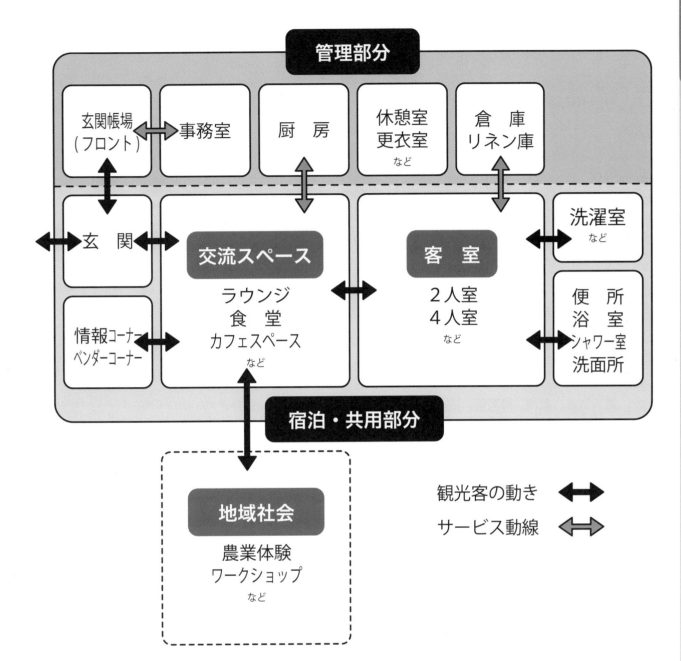

観光客の動き ⬛⟷⬛
サービス動線 ⬛⟷⬛

◆ 鉄筋コンクリート造

令和3年に引き続き、架構形式を規定する文言はない。つまり設計者自身がラーメン構造、壁式構造、その他の架構を自由に選択、組み合わせて用いてよいということである。

それぞれの架構の特徴を学習し、メリット、デメリットを考慮しながら用いることが重要である。

◆ 断面構成

二級建築士が設計できる規模から判断すれば、鉄筋コンクリート造で1～3階建てまでが出題範囲として想定されるものの、各階平面図が要求されていること、答案用紙のレイアウトを踏まえると、平屋が出題される可能性は低いと思われる。

客室数、客室の構成によって、階構成・建物規模は変動するが、それ以外にも都市部であるか、景勝地であるかなどの立地条件、施設を利用する客層等によっても変わってくることに留意すること。

また、最高高さ、軒高、階高等、垂直方向の寸法や、吹抜け空間、勾配屋根等、高さ方向の空間把握度が図面に露呈しやすい部位については、より一層の学習・理解が必要である。

◆ 要求図書
- ●1階平面図兼配置図［縮尺 1/100］
- ●各階平面図［縮尺 1/100］
- ●立面図［縮尺 1/100］
- ●断面図［縮尺 1/100］
- ●部分詳細図（断面）［縮尺 1/20］
- ●面積表
- ●計画の要点等

各階平面図について、これは試験当日まで何階建ての建物が出題されるのかわからないということであるが、これについては、前述の断面構成の項でも記した通り、2階建て、3階建てそれぞれの典型を学習し、粛々と練習を積むことでどちらが出題されても対応できるだろう。

構造部材表がなくなったことについては、近年の仕上表廃止と同様、構造寸法の丸暗記解答が増えたことへの対策といえる。今後は、構造について総合的に理解しているかどうか、構造部材表以外の図面・記述から判断するものと思われる。このことは、計画建物の架構形式について言及がなされていないことからも推測できる。

ラーメン構造ではなく壁式構造で計画する人がいたとして、その人に柱寸法を問うような構造部材表を書かせても意味がないということだろう。

◆ 建築物の規模等

1．敷地条件

敷地の規模：2 階建の場合は 16~19m × 16~19m 程度、3 階建の場合は 20m × 11~13m 程度と想定される。

景勝地の場合、広大な敷地の一部を計画用地として出題された事例もある。

2．屋外施設

①駐車場（車椅子使用者用等）：都市型の場合 1~2 台程度（宿泊者用は不要の場合も想定される。）

郊外型の場合は 2~4 台程度

②駐輪場：3~6 台程度

③その他：過去の試験では、屋外スロープ、屋外テラス、花壇、菜園等が出題されている。

リゾート的な要素として、バーベキューテラス、屋外プール、ジャグジー、露天風呂等も想定できる。

3．延べ面積

過去の鉄筋コンクリート造の出題では、床面積の合計は 230 ㎡ ～ 300 ㎡程度である。

② 共通事項等

■（1）玄関・エントランス

玄関等には庇を設けたり、ピロティとするなど雨の日の利用を考慮する必要がある。また、玄関等へのアプローチには、車椅子使用者の利用に配慮したスロープを設ける。

■（2）階段、廊下・通路等

建築基準法上、階段の寸法は、階段及び踊場の幅 750 ㎜以上、蹴上げ 220 ㎜以下、踏面 210 ㎜以上を確保すれば良く、特に厳しい制限は受けない。

階高を 2.8 ｍとすれば、14 段の計画で、蹴上げ寸法は 200 ㎜となる。

方眼を有効に使った作図を考えれば、踏面は、250 ㎜（5 ㎜の二つ割）が適当である。

○ 心々で 2 ｍ× 2.5 ｍあれば十分な寸法である。

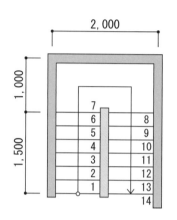

二方向避難については、特に法的な制限はないが、安全上、防災計画上の観点から、バルコニーの設置を考慮しておいたほうがよい。

廊下については、柱型を考慮して、心々 1.5 ｍ～ 2.0 ｍとしておけば問題はない。

■（3）エレベーター・乗降ロビー

① エレベーター

エレベーターは、その寸法が指定されると思われるが、予想される寸法としては、車椅子が使用できるカゴの大きさ（1.4×1.35 m）が確保できる昇降路スペースとして心々2.3 m角程度は必要となるが、過去の出題では、2 m角での指定もあった。したがって、2 m〜2.5 mの範囲での出題になると思われる。

② 乗降ロビー

エレベーターが要求される場合は、その乗降ロビーの寸法が指定されることがある。「廊下と兼用してもよい」等の条件もあるので、課題条件を見落とさないように注意してほしい。

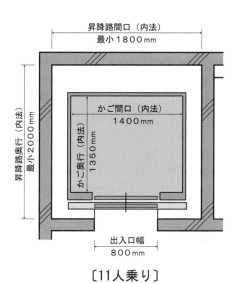

〔11人乗り〕

〔9人乗り〕

昇降路平面

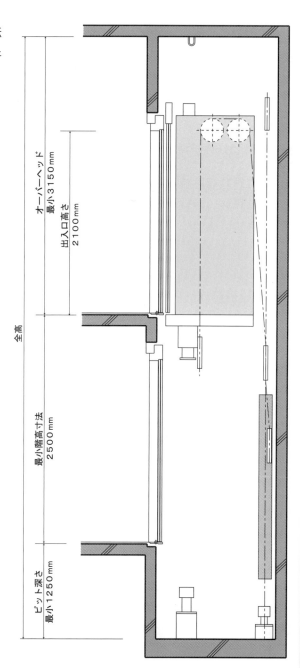

昇降路断面

❸ 屋外施設の計画

屋外施設等として要求される屋外スロープ、屋外テラス、駐輪スペース、駐車スペース等の計画について解説する。

（1）屋外スロープ

道路から主要な出入口に至るアプローチ（通路）に高低差が生じる場合は、スロープを設置する必要がある。一般に、スロープの勾配等は指定（1/12、1/15）されるので注意する。

例えば、1/15の勾配のスロープは、高低差の15倍の水平投影長さが必要ということになる。また、ポーチの高さや屋外テラスの高さが指定される場合もある。要求された高低差に応じて、スロープ長さを計算する必要がある。

（2）屋外テラス等

近年、屋外テラスなどの屋外施設の出題傾向が高い。建物との関係（隣接・直接行き来など）に注意する。また、車椅子使用者の利用を配慮して計画する場合には、室内の床高とテラスの高さを揃える等、移動がスムーズになるように計画する。

① 屋外テラス

屋外テラスの設置例には、次のようなものが考えられる。外部からの視認性や、要求諸室との一体利用を求められる場合がある。

また、日照や眺望等の環境のほか、アプローチを兼ねてよい場合、内側からの利用に限定される場合など、様々な条件が付加されることが考えられる。

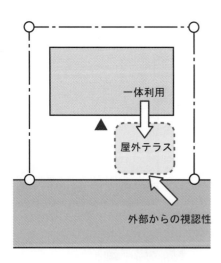

外部からの視認性

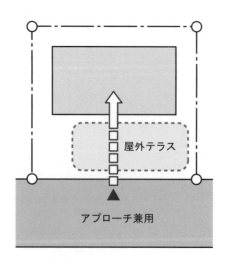

アプローチ兼用

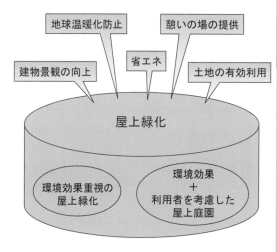

② 屋外ルーフガーデン・ルーフテラス

「ルーフガーデン」とは「屋上庭園」のことで、「陸屋根の建物の屋上に土を載せ、草木を配して造られた庭園」である。

屋上緑化には、ヒートアイランド現象の緩和対策だけではなく、人工土壌や植物の保水性による火災等における防火・防熱効果や断熱による省エネ効果が大きいことなどから、その出題は十分考えられる。

＜ルーフガーデンの配置＞

◆ 植物の生育に必要な日当たりのよい位置に計画する。
◆ 主要室からの景観なども考慮した位置に計画する。

〔構造計画〕

屋上を緑化する場合は、成長した植物の根が防水層に侵入・貫通するのを防ぐ耐根層を設け、植物に必要な水を保水・排水できる構造としなければならない。屋上部分の納まりの一例を、断面詳細図によって示しておく。

屋上利用の効果

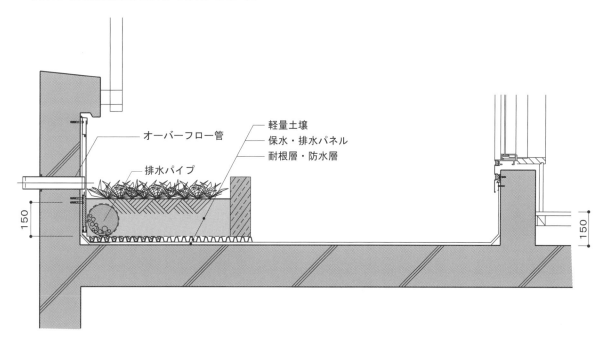

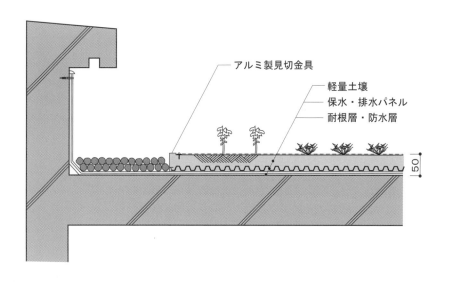

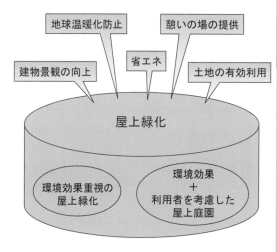
<!-- labels within figure 1: 地球温暖化防止　憩いの場の提供　省エネ　建物景観の向上　土地の有効利用　屋上緑化　環境効果重視の屋上緑化　環境効果＋利用者を考慮した屋上庭園 -->

（3）駐輪スペース

駐車台数と同様に具体的に指定される。

1台当たりの寸法は、0.5 m×2.0 m程度とする。3～6台程度の駐輪スペースの必要な大きさを確認しておく必要がある。

（4）駐車スペース

駐車台数は具体的に指定される。駐車台数等によって、敷地の制約条件となり、建物の配置計画に影響する。また、配置については、アプローチの動線等にも配慮して計画する。

1台当りの駐車スペースは、一般に、2.5 m×5 m程度とするが、車椅子使用者用の場合、幅は3.5 m以上で指定されることもあるので、注意が必要である。

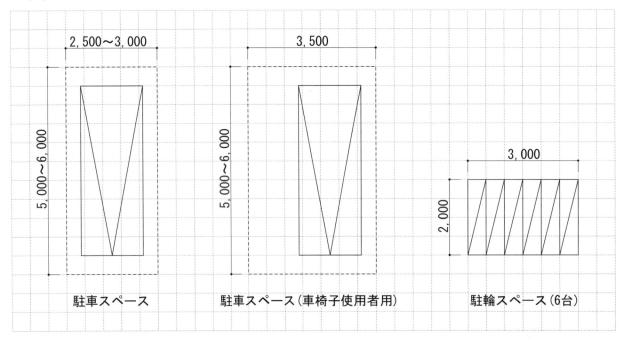

駐車スペース 　　駐車スペース（車椅子使用者用） 　　駐輪スペース（6台）

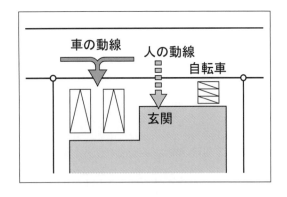

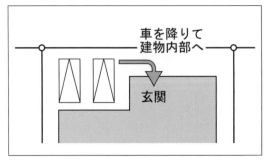

④ その他の計画上の留意点

（1）防火区画（竪穴区画）

主要構造部が準耐火構造で、地階又は3階以上の階に居室がある場合、階段等の竪穴部分とその他の部分には、防火区画（竪穴区画）が必要となる（建築基準法施行令第112条第11項）。ただし、2階建てである場合は、竪穴区画は不要である。

（2）敷地内の通路

3階建てである場合は、建物の玄関から道路にいたる敷地内の通路は、1.5 m以上（延べ面積200 ㎡未満は0.9 m以上）の幅員が必要になる。

（3）バリアフリーについて

バリアフリーについては、課題で具体的に部位及び寸法・大きさが指定されるので、原則として、要求に従った計画ができていればよい。なお、参考までにバリアフリー法の数値等を確認しておくとよい。

また、高齢者、車椅子使用者等が利用する場合は、指定がなくともバリアフリーに配慮した計画が望ましい。バリアフリーに対する寸法等の参考として、「建築物移動等円滑化基準」、「建築物移動等円滑化誘導基準」を示す（下表参照）。

【バリアフリー法】　　（単位：mm）

特定施設	建築物移動等円滑化基準	建築物移動等円滑化誘導基準
出入口	800 以上 （開閉に配慮）	1,200 以上 （開閉に配慮）
階段 EV 傾斜路	EVを設置する段差スロープ：勾配 1/12 （160 以下 1/8）	w＝1,400 蹴上げ＝160 以下 踏面＝300 以上 段差スロープ：勾配 1/12
廊下	1,200 以上	1,800 以上 （50 m以内にすれ違いできる場合 1,400 以上）
EV ロビー	1,500 × 1,500 以上	1,800 × 1,800 以上
敷地内通路	w＝1,200 以上	w＝1,800 以上 段差：160 以下、踏幅：300 以上
	スロープ： w＝1,200 以上（階段併設 900） 勾配 1/12	スロープ： w＝1,500 以上（階段併設 1,200） 勾配 1/15
駐車場	幅：3,500 以上	幅：3,500 以上

（4）用途地域

　実務上は、容積率・建蔽率・道路斜線・採光など様々な規定に関係してくる。しかし過去の課題を検討すると、試験上は、要求される設計条件をクリアすれば、用途地域の違いを特別考慮する必要はない。

（5）建蔽率・容積率の限度

　建蔽率（建築面積の敷地面積に対する割合）は、用途地域の区分に従って指定される。

　試験では、近年の傾向として、各部屋の設置階が指定されることが多く、この条件にきちんと従った計画とすれば、必然的に建蔽率の条件もクリアできるため、特別に考慮するケースは少ない。

　また、容積率（延べ面積の敷地面積に対する割合）についても、要求延べ面積の範囲内の計画とすれば、特に考慮する必要はない。

　ただしここでは、建築面積・延べ面積それぞれの算出を正確に行うことが大切である。

（6）建築面積・延べ面積

　試験では、必ず面積表の記入が要求されるので、各階床面積、延べ面積、建築面積は、正確に計算できるように普段から練習しておこう。

　・庇・軒の出などが1mを超える場合、先端から1m差し
　　引いた残りの部分が建築面積に算入されるので、特に、
　　計算もれに注意する。

（7）高さ制限

　過去に出題された用途地域から考えて、通常の軒高で計画を行えば、北側斜線・隣地斜線・道路斜線とも特に問題はない。

（8）延焼のおそれのある部分の開口部 <small>（法2条6号、法61条）</small>

　準防火地域内にある建築物は、その外壁の開口部で延焼のおそれのある部分に防火戸等の防火設備を設ける。

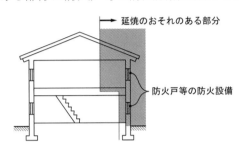

　延焼のおそれのある部分とは、隣地境界線、道路中心線、同一敷地内の2以上の建築物相互間の外壁間の中心線から、1階は3m以内、2階以上は5m以内の距離にある建築物の部分である（次図参照）。

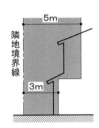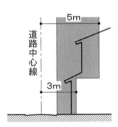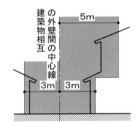

観光客向けのゲストハウス（簡易宿所）
（鉄筋コンクリート造）

1. 設計条件

ある地方都市の市街地において、観光客向けのゲストハウス（簡易宿所）を計画する。計画に当たっては、次の①及び②に特に留意する。
① 宿泊・共用部分には、宿泊客が交流することのできる交流ラウンジを計画する。
② 宿泊・共用部分及び管理部分の各要求室について、適切な配置計画及び動線計画とする。

(1) 敷地
ア. 形状、道路との関係、方位等は、下に示す図―1のとおりである。
イ. 第一種住居地域内にあり、準防火地域に指定されている。
ウ. 建蔽率の限度は70%、容積率の限度は300%である。
エ. 地形は平坦で、道路及び隣地との高低差はなく、地盤は良好である。
オ. 電気、都市ガス、上水道及び公共下水道は完備している。
カ. 敷地の周囲には、防火上有効な空地及び耐火構造の壁等はない。

(2) 構造、階数、建築物の高さ等
ア. 鉄筋コンクリート造3階建てとする。
イ. 建築物の最高の高さは10m以下、かつ、軒の高さは9m以下とする。
ウ. 建築物の外壁及び柱面は、隣地境界線から500mm以上離す。
エ. 塔屋（ペントハウス）は、設けない。

(3) 延べ面積等
ア. 延べ面積は、「240㎡以上、280㎡以下」とする。
イ. ピロティ、玄関ポーチ、庭、ルーフテラス、屋外スロープ、駐車スペース、駐輪スペース等は、床面積に算入しない。ただし、エレベーターシャフトについては、床面積に算入する。

(4) 人員構成等
ア. 宿泊・共用部分：宿泊客10名
イ. 管理部分：従業員2名

(5) 要求室等
下表の全ての室等は、指定された設置階に計画する。

部門	設置階	室名等	特記事項
宿泊・共用部分	1階	玄関ホール	
		交流ラウンジ	ア. 床面積は、40㎡以上とする。 イ. 宿泊客がくつろげる空間とする。 ウ. テーブル、椅子（計16席以上）及び本棚を設ける。
		喫茶コーナー	ア. 宿泊客の軽い飲食や談話室として使用する。 イ. カウンター、椅子（計3席以上）及び給茶機を設ける。 ウ. 庭を眺められるようにする。
		便所	・男女別に設ける。
		多機能便所	・広さは、心々2,000mm×2,000mm以上とする。
	2階	客室A1 客室A2 客室A3	ア. 床面積は、それぞれ12㎡以上とする。 イ. それぞれにベッド2台及び洗面台を設ける。 ウ. それぞれにバルコニーを設ける。
		サニタリー	ア. ランドリースペース、談話スペース、脱衣室（計3室）及びシャワー室（計3室）を設ける。 イ. ランドリースペースには、洗濯機（計2台）及び洗面台（計2台）を設ける。 ウ. 談話スペースには、椅子（計3席以上）を設ける。 エ. シャワー室には、シャワーユニット（図―2参照）を設ける。
		便所	・男女別に設ける。
		多機能便所	・広さは、心々2,000mm×2,000mm以上とする。
		倉庫	ア. 床面積は、6㎡以上とする。 イ. リネン庫も兼ねる。
	3階	客室B	ア. 床面積は、24㎡以上とする。 イ. ベッド4台及び洗面台を設ける。 ウ. バルコニーを設ける。
		多機能便所	・広さは、心々2,000mm×2,000mm以上とする。
		洗面コーナー	
		ルーフテラス	ア. 広さは、40㎡以上とする。 イ. テーブル、椅子（計12席以上）及び流し台を設ける。
管理部分	1階	フロント	・受付カウンターを設ける。
		事務室	ア. 床面積は、10㎡以上とする。 イ. 従業員が、事務・更衣・休憩のために使用する。 ウ. 事務机（計2台）、ロッカー（2名分）、テーブル及び椅子（計2席）を設ける。 エ. フロントに隣接させる。
		倉庫	ア. 床面積は、6㎡以上とする。 イ. リネン庫も兼ねる。

（注1）各要求室等においては、床面積・広さの指定がない場合、床面積は適宜とする。
（注2）建築物内の竪穴部分（階段、エレベーターシャフト及び吹抜け）は所定の防火設備を用いて区画する。また、外壁の開口部で延焼のおそれのある部分には所定の防火設備を設ける。

(6) エレベーター及びスロープ
ア. 建築物内に、エレベーター（1階から3階の各階に着床）を設ける。
　　・エレベーターシャフトは、心々2,000mm×2,000mm以上とする。
　　・駆動装置は、エレベーターシャフト内に納まるものとし、機械室は設けなくてよい。
　　・出入口の幅の内法は、800mm以上とする。
イ. 敷地内の通路の計画において高低差が生じる場合は、屋外スロープ（勾配は1/15以下）を設ける。

(7) 外構
ア. まとまったスペース（少なくとも直径3.0m以上の円が2つ入るスペース）の庭を設ける。
イ. 駐車スペースは、2台分（宿泊客用1台分、サービス用1台分）を設ける。なお、宿泊客用1台分については、車椅子使用者の乗降に配慮し、幅3,500mm以上とする。
ウ. 駐輪スペースは、5台分（宿泊客用）を設ける。
エ. 駐車スペース及び駐輪スペースは、ピロティとして計画してはならない。
オ. 塀・植栽を設ける。

2. 要求図書

a. 下表により、答案用紙の定められた枠内に記入する。（寸法線は、枠外にはみだして記入してもよい。）
b. 図面は黒鉛筆仕上げとする。（定規を用いなくてもよい。）
c. 記入寸法の単位は、mmとする。なお、答案用紙の1目盛は、5mmである。
d. シックハウス対策のための機械換気設備等は、記入しなくてよい。

要求図書 （　）内は縮尺	特記事項
(1) 1階平面図兼配置図 兼配置図 (1/100) (2) 2階平面図 (1/100) (3) 3階平面図 (1/100)	ア. 1階平面図兼配置図、2階平面図及び3階平面図には、次のものを記入する。 　・建築物の主要な寸法 　・室名等 　・延焼のおそれのある部分の範囲（延焼ラインを破線にて明記し、そこから敷地境界線までの距離を記入） 　・防火設備の必要な部分に⑮と明記 　・断面図の切断位置及び方向 イ. 1階平面図兼配置図には、次のものを記入する。 　・敷地境界線と建築物との距離 　・玄関ホール及び交流ラウンジの地盤面からの高さ 　・道路から建築物へのアプローチ、庭、駐車スペース、駐輪スペース、屋外スロープ（高低差が生じる場合）、塀・植栽等 　・道路から敷地及び建築物への出入口には、▲印を付ける。 　・交流ラウンジ…テーブル、椅子及び本棚 　・喫茶コーナー…カウンター、椅子及び給茶機 　・便所…洋式便器及び手洗器 　・多機能便所…洋式便器、手摺及び手洗器 　・フロント…受付カウンター 　・事務室…事務机、ロッカー、テーブル及び椅子 　・庭…直径3.0m以上の円（破線にて明記する。） ウ. 2階平面図には、次のものを記入する。 　・1階の屋根伏図（1階の屋根がある場合） 　・客室A1～A3…ベッド及び洗面台 　・サニタリーのランドリースペース…洗濯機及び洗面台 　・サニタリーの談話スペース…椅子 　・サニタリーのシャワー室…シャワーユニット 　・便所…洋式便器及び手洗器 　・多機能便所…洋式便器、手摺及び手洗器 エ. 3階平面図には、次のものを記入する。 　・2階の屋根伏図（2階の屋根がある場合） 　・部分詳細図（断面）の切断位置及び方向 　・客室B…ベッド及び洗面台 　・多機能便所…洋式便器、手摺及び手洗器 　・洗面コーナー…洗面台 　・ルーフテラス…テーブル、椅子及び流し台
(4) 立面図 (1/100)	ア. 南側立面図とする。 イ. 建築物の最高の高さを記入する。
(5) 断面図 (1/100)	ア. 切断位置は、南北方向とし、1階の交流ラウンジ、2階及び3階を含む部分とする。 イ. 建築物の外形、床面及び天井面の形状がわかる程度のものとし、構造部材（梁、スラブ、地中梁等）を記入する。 ウ. 建築物の最高の高さ、軒高、階高、天井高、1階床高、開口部の内法寸法及び主要な室名を記入する。 エ. 見え掛かりの開口部、階段等（室の対向面に見えるもの）は記入しなくてよい。
(6) 部分詳細図（断面） (1/20)	ア. 切断位置は、外壁を含む部分とする。 イ. 作図の範囲は、3階屋根部分（屋上のパラペット天端から3階の天井仕上面より下方200mm以上）とし、外壁の壁心から1,000mm以上とする。 ウ. 主要部の寸法等を記入する。 エ. 主要部材（大梁、屋根スラブなど必要なもの）の名称・断面寸法・厚さを記入する。 オ. 外気に接する部分（屋根、外壁、その他必要と思われる部分）の断熱・防水措置を記入する。 カ. 主要な部材（屋根、外壁、内壁及び天井）の仕上材料名を記入する。
(7) 面積表	ア. 建築面積、床面積及び延べ面積を記入する。 イ. 面積の算定においては、計算式も記入する。 ウ. 面積の数値は、小数点以下第2位までとし、第3位以下は切り捨てる。
(8) 計画の要点等	・建築物及び敷地の計画に関する次の①～③について、具体的に記述する。 　①建築物の配置計画について、工夫した点 　②交流ラウンジの配置計画について、工夫した点 　③建築物の構造計画について、工夫した点

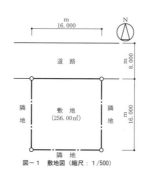

図―1　敷地図（縮尺：1/500）

図―2　シャワーユニット寸法の参考図

この課題は、日建学院の講座において実際に使用した基本的な課題例です。エスキスにも取り組んでみてください。なお、購入者特典の**「令和6年度課題対策動画」**において、この課題を解説していますので、そちらもご参照ください。

「観光客向けのゲストハウス（簡易宿所）（鉄筋コンクリート造）」

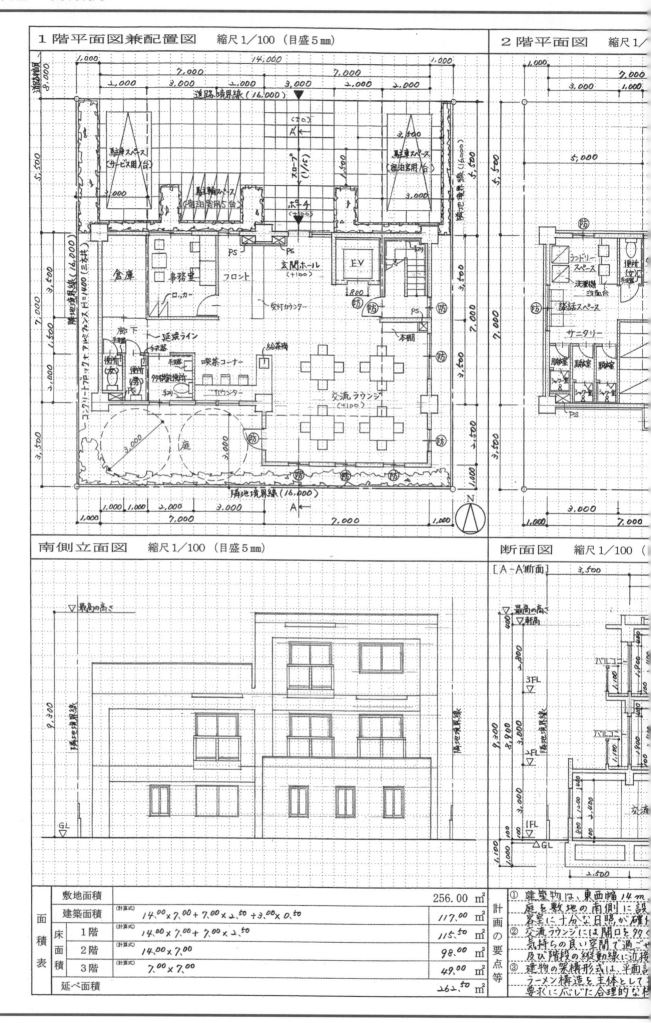

1階平面図兼配置図　縮尺1/100（目盛5mm）

2階平面図　縮尺1/

南側立面図　縮尺1/100（目盛5mm）

断面図　縮尺1/

[A-A'断面]

面積表	敷地面積		256.00 ㎡
	建築面積	（計算式）14.00×7.00＋7.00×2.50＋3.00×0.50	117.00 ㎡
	床面積 1階	（計算式）14.00×7.00＋7.00×2.50	115.50 ㎡
	2階	（計算式）14.00×7.00	98.00 ㎡
	3階	（計算式）7.00×7.00	49.00 ㎡
	延べ面積		262.50 ㎡

計画の要点等

① 建築物は、東面幅14m
庭を敷地の南側に配し
客室に十分な日照が確
② 交流ラウンジには開口を多
気持ちの良い空間で過ご
及び階段の縦動線に近接
③ 建物の架構形式は、平面
ラーメン構造を主体として
要求に応じた合理的な

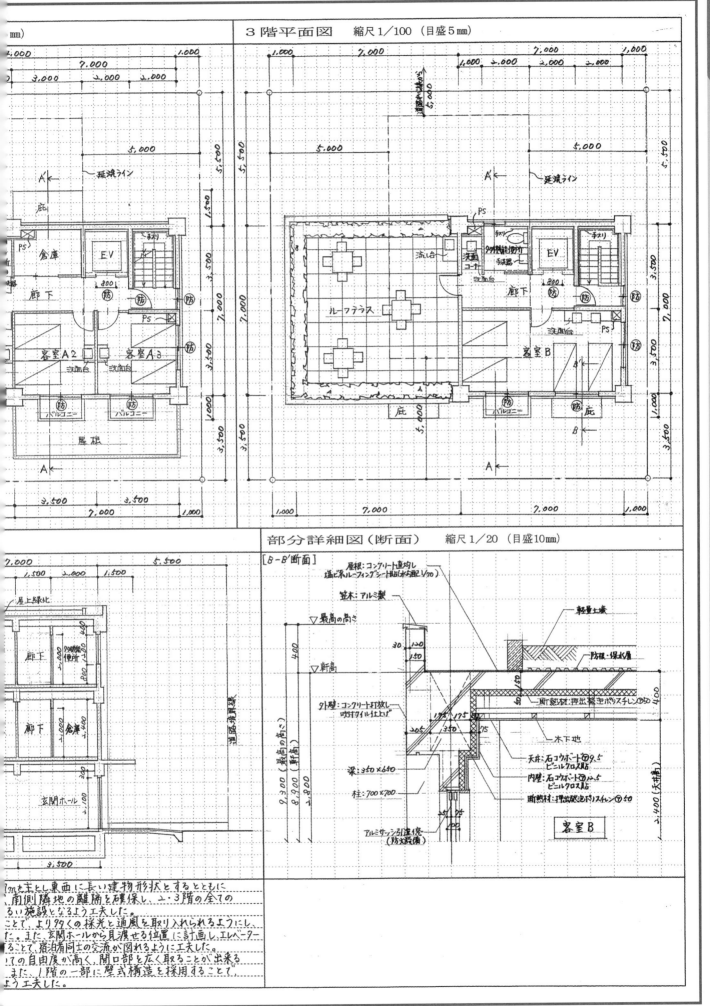

３階平面図　縮尺1／100　（目盛5㎜）

部分詳細図（断面）　縮尺1／20　（目盛10㎜）

[B-B'断面]

屋根：コンクリート直均し
塩ビ系ルーフィングシート貼 (水勾配1/70)

笠木：アルミ製

軽量土壌

最高の高さ
軒高

防根・保水層

外壁：コンクリート打放し
吹付タイル仕上げ

断熱材：押出発泡ポリスチレン⑦40

木下地

梁：350×650

天井：石コウボード⑦9.5
ビニルクロス貼

柱：700×700

内壁：石コウボード⑦9.5
ビニルクロス貼

断熱材：押出発泡ポリスチレン⑦50

アルミサッシ引違い窓
(防火戸設備)

客室B

第2章
過去の出題例と答案例

令和3年度
　歯科診療所併用住宅
　（鉄筋コンクリート造）

平成30年度
　地域住民が交流できるカフェを併設する二世帯住宅
　[鉄筋コンクリート造（ラーメン構造）3階建]

平成27年度
　3階に住宅のある貸店舗（乳幼児用雑貨店）
　[鉄筋コンクリート造（ラーメン構造）3階建]

平成24年度
　多目的スペースのあるコミュニティ施設
　[鉄筋コンクリート造（ラーメン構造）2階建]

「歯科診療所併用住宅（鉄筋コンクリート造）」

設 計 課 題　「歯科診療所併用住宅（鉄筋コンクリート造）」

1．設計条件

地方都市の市街地に歯科診療所併用住宅を計画する。
計画に当たっては、次の①及び②に特に留意する。
①診療所部分と住宅部分とは、出入口を明確に分離し、屋内の1階部分で直接行き来できるようにする。
②診療所部分の各要求室について、適切な配置計画及び動線計画とする。

(1) 敷地
ア．形状、高低差、道路との関係、方位等は、下に示す敷地図のとおりである。敷地には、南側から北側に向かって緩やかな上り勾配がある。なお、建築物の計画に当たっては、盛土・切土により敷地全体を平坦にしてはならない。
イ．この課題においては、道路境界線の部分をG.L.とし、±0㎜とする。
ウ．近隣商業地域内にあり、準防火地域に指定されている。なお、都市計画において定められた建蔽率の限度は80%、容積率の限度は300%である。
エ．地盤は良好である。
オ．電気、都市ガス、上水道及び公共下水道は完備している。
カ．敷地の周囲には、防火上有効な空地、耐火構造の壁等はない。

(2) 構造、階数、建築物の高さ等
ア．鉄筋コンクリート造3階建てとする。
イ．建築物の最高の高さは10m以下、かつ、軒の高さは9m以下とする。
ウ．建築物の外壁面及び柱面は、隣地境界線から500㎜以上離す。
エ．塔屋（ペントハウス）は、設けない。

(3) 延べ面積等
ア．延べ面積は、「240㎡以上、300㎡以下」とする。
イ．ピロティ、玄関ポーチ、バルコニー、駐車スペース、駐輪スペース等は、床面積に算入しない。ただし、エレベーターシャフトについては、床面積に算入する。

(4) 人員構成等
ア．診療所部分：院長（歯科医師）、従業員3名（歯科衛生士2名、事務員1名）
イ．住宅部分：夫婦（夫が診療所の院長）、子供1人（中学生）

(5) 要求室等
下表の全ての室等は、指定された設置階に計画する。

部門	設置階	室 名 等	特 記 事 項
診療所部分	1階	待 合 室	ア．洗面コーナーを設ける。 イ．ソファー（計4席以上）を設ける。
		受付・事務室	・受付カウンターを設ける。
		診 療 室	ア．歯科診療台設置スペース（2,100㎜×2,100㎜）2台分を設ける。 イ．消毒コーナーを設ける。
		X 線 室	・広さは、心々1,500㎜×1,500㎜以上とする。
		技 工 室	ア．作業机を設ける。 イ．広さは、心々1,500㎜×1,500㎜以上とする。
		休 憩 室	ア．従業員の更衣・休憩等に使用する。 イ．テーブル、椅子及びロッカーを設ける。
		院長室兼応接室	・机、テーブル及び椅子を設ける。
		倉 庫	
		従業員用便所	・従業員のほか、院長も使用する。
		患者用便所	
住宅部分	1階	玄関ホール	・下足入れを設ける。
	2階	L D K	ア．1室にまとめる。 イ．テーブル及び椅子を設ける。
		納 戸（A）	
		浴 室	
		洗面脱衣室	
		便 所（A）	
		バルコニー	・設置場所は適宜とする。
	3階	夫婦寝室	・洋室とし、ベッド（計2台）及びウォークインクロゼット（3㎡以上）を設ける。
		子ども室	・洋室とし、ベッド、机及び収納を設ける。
		納 戸（B）	
		洗面コーナー	
		便 所（B）	
		バルコニー	・設置場所は適宜とする。
	2階又は3階	書 斎（A）	・夫用とし、机及び椅子を設ける。
		書 斎（B）	・妻用とし、机及び椅子を設ける。

（注1）各要求室においては、床面積・広さの指定がない場合、床面積は適宜とする。
（注2）診療所部分においては、全て下足とする。
（注3）住宅部分の堅穴部分（階段、エレベーターシャフト及び吹抜け）は所定の防火設備を用いて区画する。また、外壁の開口部で延焼のおそれのある部分には所定の防火設備を設ける。

(6) 階段、エレベーター及びスロープ
ア．住宅部分には、1階から3階まで通ずる直通階段を設ける。
イ．住宅部分には、住宅用エレベーター1基（1階から3階の各階に着床）を設ける。
・エレベーターシャフトは、心々1,500㎜×1,500㎜以上とする。
・駆動装置は、エレベーターシャフト内に納まるものとし、機械室は設けなくてよい。
・出入口の幅の内法は、800㎜以上とする。
ウ．敷地内の通路の計画において高低差が生じる場合は、屋外スロープ（勾配は1/15以下）を設ける。

(7) 外構
ア．駐車スペースは、2台分（患者用1台、住宅用1台）を設ける。
イ．駐輪スペースは、5台分（患者用3台、住宅用2台）を設ける。
ウ．駐車スペース及び駐輪スペースは、ピロティとして計画してはならない。
エ．塀・植栽を設ける。

2．要求図書

a．下表により、答案用紙の定められた枠内に記入する。（寸法線は、枠外にはみだして記入してもよい。）
b．図面は黒鉛筆仕上げとする。（定規を用いなくてもよい。）
c．記入寸法の単位は、㎜とする。なお、答案用紙の1目盛は、5㎜である。
d．シックハウス対策のための機械換気設備等は、記入しなくてよい。

要 求 図 書 （　）内は縮尺	特 記 事 項
(1) 1階平面図兼配置図 (1/100) (2) 2階平面図 (1/100) (3) 3階平面図 (1/100)	ア．1階平面図兼配置図、2階平面図及び3階平面図には、次のものを記入する。 ・建築物の主要な寸法 ・室名等 ・延焼のおそれのある部分の範囲（延焼ラインを破線にて明記し、そこから隣地境界線までの距離を記入） ・防火設備が必要な部分に⑮と明記 ・断面図の切断位置及び方向 イ．1階平面図兼配置図には、次のものを記入する。 ・敷地境界線と建築物との距離 ・診療所部分の待合室及び住宅部分の玄関ホールにおけるG.L.からの高さ ・道路から建築物へのアプローチ、屋外スロープ（高低差が生じる場合）、駐車スペース、駐輪スペース、塀・植栽 ・「道路から敷地」及び「建築物」の出入口には、▲印を付ける。 ・部分詳細図（断面）の切断位置及び方向 ・待合室の洗面コーナー…洗面器 ・待合室…ソファー ・受付・事務室…受付カウンター ・診療室…歯科診療台設置スペース（破線で記入） ・診療室の消毒コーナー…洗面器 ・技工室…作業机 ・休憩室…テーブル、椅子及びロッカー ・院長室兼応接室…机、テーブル及び椅子 ・従業員用便所及び患者用便所…洋式便器 ・住宅部分の玄関ホール…下足入れ ウ．2階平面図には、次のものを記入する。 ・1階の屋根伏図（1階の屋根がある場合） ・部分詳細図（断面）の切断位置及び方向 ・LDK…テーブル、椅子、台所設備機器（流し台・調理台・コンロ台・冷蔵庫等） ・浴室…浴槽 ・洗面脱衣室…洗面器、洗濯機 ・便所（A）…洋式便器 エ．3階平面図には、次のものを記入する。 ・2階の屋根伏図（2階の屋根がある場合） ・夫婦寝室…ベッド ・子ども室…ベッド、机 ・洗面コーナー…洗面器 ・便所（B）…洋式便器 オ．2階平面図又は3階平面図には、次のものを記入する。 ・書斎（A）及び書斎（B）…机及び椅子
(4) 立 面 図 (1/100)	・南側立面図とする。
(5) 断 面 図 (1/100)	ア．切断位置は、南北方向とし、1階の診療室、2階及び3階を含む部分とする。 イ．建築物の外形、床面及び天井面の形状がわかる程度のものとし、構造部材（梁、スラブ、地中梁等）を記入する。 ウ．建築物の最高の高さ、軒高、階高、天井高、1階床高、開口部の内法寸法及び主要な室名を記入する。 エ．見え掛かりの開口部、階段等（室の対向面に見えるもの）は記入しなくてよい。
(6) 部分詳細図（断面） (1/20)	ア．切断位置は、2階のバルコニーの出入口を含む部分とする。 イ．作図の範囲は、以下の部分を含むものとする。 水平方向：「バルコニーの出入口」から「バルコニーの手すり壁」 垂直方向：「バルコニーの手すり壁の天端」から「1階の天井仕上面より下方400㎜」 なお、部分詳細図（断面）として支障のない程度であれば、水平方向及び垂直方向の作図上の省略は、行ってもよいものとする。 ウ．主要部の寸法等を記入する。 エ．主要部材の名称・断面寸法を記入する。 オ．外気に接する部分（外壁、その他必要と思われる部分）の断熱・防水措置を記入する。 カ．主要な部位（外壁、内壁、1階天井及び2階床）の仕上材料名を記入する。
(7) 面 積 表	ア．建築面積、床面積及び延べ面積を記入する。 イ．建築面積及び床面積については、計算式も記入する。 ウ．面積の数値は、小数点以下第2位までとし、第3位以下は切り捨てる。
(8) 計画の要点等	・建築物及び敷地の計画に関する次の①～③について、具体的に記述する。 ①診療所部分の計画について、工夫した点 ②住宅部分の計画について、工夫した点 ③建築物の配置計画において、配慮した点

敷地図（縮尺：1/500、単位：㎜）

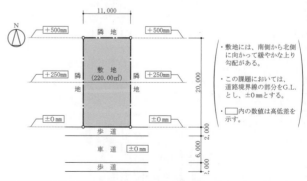

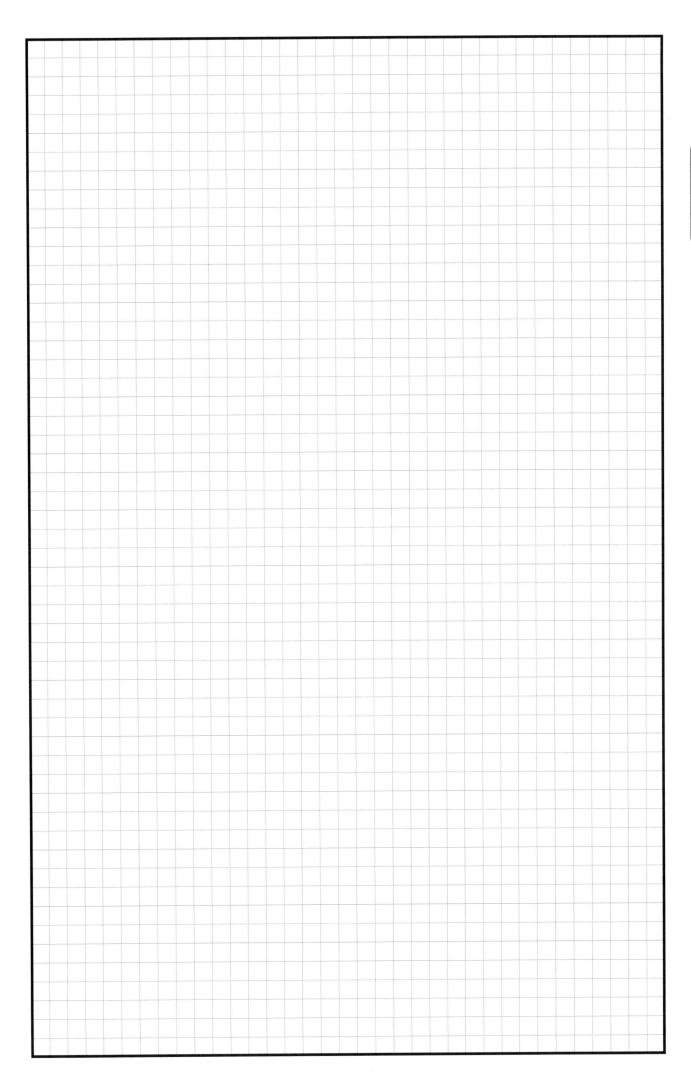

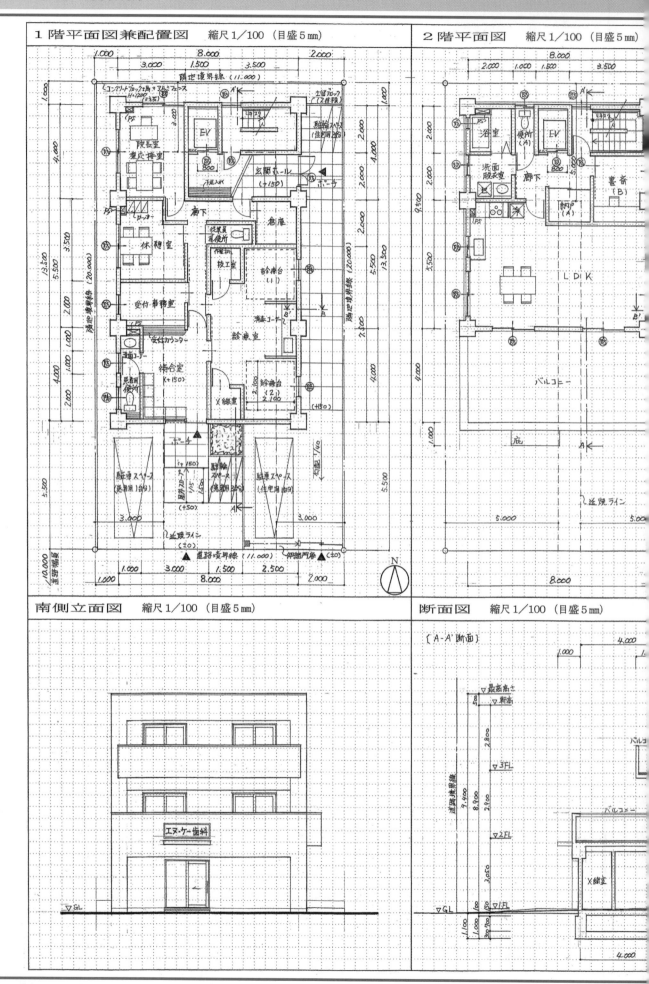

4

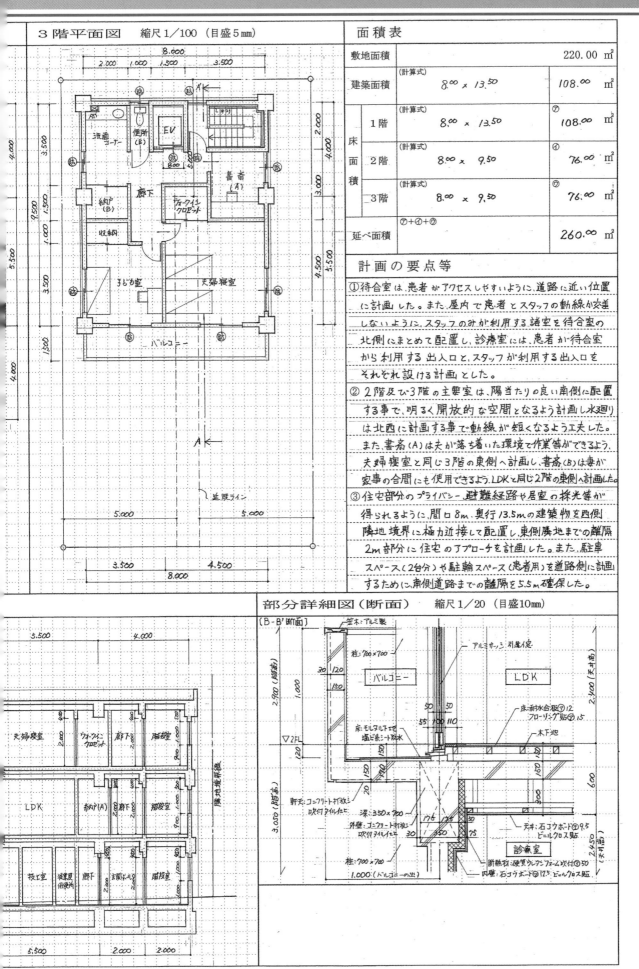

３階平面図　縮尺1/100（目盛5mm）

面積表

敷地面積			220.00 ㎡
建築面積	（計算式） 8.00 × 13.50		108.00 ㎡
床面積	1階	（計算式） 8.00 × 13.50	⑦ 108.00 ㎡
	2階	（計算式） 8.00 × 9.50	④ 76.00 ㎡
	3階	（計算式） 8.00 × 9.50	⑦ 76.00 ㎡
延べ面積	⑦+④+⑦		260.00 ㎡

計画の要点等

①待合室は、患者がアクセスしやすいように、道路に近い位置に計画した。また、屋内で患者とスタッフの動線が交差しないように、スタッフのみが利用する諸室を待合室の北側にまとめて配置し、診療室には、患者が待合室から利用する出入口と、スタッフが利用する出入口をそれぞれ設ける計画とした。

②2階及び3階の主要室は、陽当たりの良い南側に配置する事で、明るく開放的な空間となるよう計画し水廻りは北西に計画する事で動線が短くなるよう工夫した。また、書斎（A）は夫が落ち着いた環境で作業等ができるよう、夫婦寝室と同じ3階の東側へ計画し、書斎（B）は妻が家事の合間にも使用できるよう、LDKと同じ2階の東側へ計画した。

③住宅部分のプライバシー、避難経路や居室の採光等が得られるように、間口8m、奥行13.5mの建築物を西側隣地境界に極力近接して配置し、東側隣地までの離隔2m部分に住宅のアプローチを計画した。また、駐車スペース（2台分）や駐輪スペース（患者用）を道路側に計画するために、南側道路までの離隔を5.5m確保した。

部分詳細図（断面）　縮尺1/20（目盛10mm）

「地域住民が交流できるカフェを併設する二世帯住宅

［鉄筋コンクリート造（ラーメン構造）3階建］」

平成30年　設計課題　「地域住民が交流できるカフェを併設する二世帯住宅〔鉄筋コンクリート造（ラーメン構造）3階建て〕」

1. 設計条件

ある地方都市の市街地にカフェ（喫茶店）を併設する二世帯住宅を計画する。カフェは子育て世代の親子や高齢者等の様々な地域住民が集い、交流できる場とし、二世帯住宅はこの建築物のオーナーの親世帯とその子世帯が同居するものとする。計画に当たっては、次の①〜④に特に留意する。

① カフェ部分には、地域住民が利用できる交流スペースを計画する。
② カフェ部分と住宅部分は、出入口を明確に分離し、屋内の1階部分で直接行き来できるように計画する。また、住宅部分の玄関は二世帯で共有するものとする。
③ 二世帯がそれぞれ独立して生活できるようにするとともに、互いの家族が気軽に行き来できるように計画する。
④ 地域住民が交流できるカフェをもつ建築物として、外観及び外構計画に配慮する。

(1) 敷　地

ア. 形状、道路との関係、方位等は、下に示す敷地図のとおりである。
イ. 近隣商業地域内にあり、準防火地域に指定されている。
ウ. 建蔽率の限度は90%（特定行政庁が指定した角地における加算を含む。）、容積率の限度は300%とする。
エ. 地形は平坦で、道路及び隣地との高低差はなく、地盤は良好である。
オ. 電気、都市ガス、上水道及び公共下水道は完備している。
カ. 敷地の周囲には、防火上有効な空地、耐火構造の壁はない。

(2) 構造、階数、建築物の高さ等

ア. 鉄筋コンクリート造（ラーメン構造）3階建てとする。
イ. 建築物の最高の高さは10m以下、かつ、軒の高さは9m以下とする。
ウ. 建築物の外壁面及び柱面は、隣地境界線から500mm以上離す。
エ. 塔屋（ペントハウス）は、設けない。

(3) 延べ面積等

ア. 延べ面積は、「250㎡以上、300㎡以下」とする。
イ. ピロティ、玄関ポーチ、ルーフテラス、駐車スペース、駐輪スペース等は、床面積に算入しない。ただし、エレベーターシャフトについては、床面積に算入する。

(4) 人員構成等

ア. 住宅部分：親世帯…夫婦（60歳代）
子世帯…夫婦（30歳代）、子ども1人（小学生）
イ. カフェ部分：従業員2名で運営（経営者は、親世帯の夫婦）

(5) 要求室等

下表の全ての室等は、指定された設置階に計画する。

部門	設置階	室名等	特記事項
カフェ部分	1階	喫茶スペース	ア. 地域住民の交流のためのイベント・打合せ等を行う交流スペース（15㎡以上）を設ける。（常時はカフェの一部として使用するが、可動間仕切り等により、独立した室としても使用できるようにする。） イ. カウンター席（4席以上）及びテーブル席（交流スペースを含めて計20席以上）を設ける。 ウ. 軽食を提供できる程度の厨房を設ける。 エ. レジカウンターを設ける。
		更衣室	ア. 2名分以上のロッカーを設ける。
		多機能便所	ア. 広さは、心々2,000mm×2,000mm以上とする。 イ. 出入口を引戸とし、幅の内法は、800mm以上とする。
		洗面所	ア. 多機能便所に隣接して設ける。 イ. コーナーとしてもよい。
		倉庫	
住宅部分	共用部分 1階	玄関ホール	ア. 親世帯と子世帯の共用とする。 イ. 下足入れを設ける。 ウ. 住宅用エレベーター及び階段においては、素足又は上履きとする。
	子世帯 2階	居間(A)	ア. 1室又は2室にまとめてもよい。 イ. 食事室(A)には、テーブル及び椅子（計6席以上）を設ける。
		食事室(A)	
		台所(A)	
		子夫婦寝室	・洋室とし、ベッド（計2台）、収納（2㎡以上）を設ける。
		子ども室	・洋室とし、ベッド、机、収納を設ける。
		納戸(A)	
		浴室(A)	
		洗面脱衣室(A)	
		便所(A)	
	親世帯 3階	居間(B)	ア. 1室又は2室にまとめてもよい。 イ. 食事室(B)には、テーブル及び椅子（計4席以上）を設ける。
		食事室(B)	
		台所(B)	
		親夫婦寝室	・洋室とし、ベッド（計2台）、収納を設ける。
		納戸(B)	
		浴室(B)	
		洗面脱衣室(B)	
		便所(B)	ア. 広さは、心々2,000mm×2,000mm以上とする。 イ. 出入口の幅の内法は、800mm以上とする。
		ルーフテラス	・ガーデニングを楽しめるように花壇（3㎡以上）、洗い場を設ける。

（注1）各要求室においては、床面積・広さの指定がない場合、床面積は適宜とする。
（注2）カフェ部分においては、全て下足とする。
（注3）住宅部分の子世帯の居間(A)・食事室(A)・台所(A)及び親世帯の要求室の出入口は、引戸とし引違い戸とする。
（注4）住宅部分の竪穴部分（階段、エレベーターシャフト及び吹抜け）は所定の防火設備を用いて区画する。また、外壁の開口部で延焼のおそれのある部分には所定の防火設備を設ける。なお、この建築物は、「避難上の安全の検証」を行わないものとする。
（注5）住宅部分の廊下の幅は、将来の親世帯の車椅子使用を想定して、ゆとりのある計画とする。

(6) 階段、エレベーター及びスロープ

ア. 住宅部分には、1階から3階に通ずる直通階段を設ける。
イ. 住宅用エレベーター1基（1階から3階の各階に着床）を設ける。
・エレベーターシャフトは、心々1,500mm×1,500mm以上とする。
・駆動装置は、エレベーターシャフト内に納まるものとし、機械室は設けなくてよい。
・出入口の幅の内法、800mm以上とする。
ウ. 敷地内の通路の計画において高低差が生じる場合は、屋外スロープ（勾配は1/15以下）を設ける。

(7) 外　構

ア. 屋外に、自転車8台分（カフェの来客用5台、住宅用3台）の駐輪スペースを設ける。
イ. 駐車スペースは、1台分（住宅用）とする。
ウ. 駐車スペース及び駐輪スペースは、ピロティとして計画してはならない。
エ. カフェの来客用の駐車スペースは、近隣にある駐車場を利用する。

2. 要求図書

a. 下表により、答案用紙の定められた枠内に記入する。（寸法線は、枠外にはみだして記入してもよい。）
b. 図面は黒鉛筆仕上げとする。（定規を用いなくてもよい。）
c. 記入寸法の単位は、mmとする。なお、答案用紙の1目盛は、5mmである。
d. シックハウス対策のための機械換気設備等は、記入しなくてよい。

要求図書（　）内は縮尺	特　記　事　項
(1) 1階平面図兼配置図 (1/100)	ア. 1階平面図兼配置図、2階平面図及び3階平面図には、次のものを記入する。 ・建築物の主要な寸法 ・室名を記入 ・延焼のおそれのある部分の範囲（延焼ラインを破線にて明記し、そこから敷地境界線までの距離を記入） ・防火設備が必要な部分に⑯と明記 ・断面図の切断位置及び方向
(2) 2階平面図 (1/100)	
(3) 3階平面図 (1/100)	イ. 1階平面図兼配置図には、次のものを記入する。 ・敷地境界線と建築物との距離 ・玄関ホール及び喫茶スペースの地盤面からの高さ ・道路から建築物へのアプローチ、屋外スロープ（高低差が生じる場合）、駐車スペース、駐輪スペース、塀等 ・道路から駐車スペース及び建築物への出入口には、▲印を付ける。 ・喫茶スペース…カウンター、テーブル、椅子、レジカウンター、可動間仕切り、交流スペースの場所 ・喫茶スペースの厨房…厨房設備機器（流し台・調理台・コンロ台・冷蔵庫等）、配膳台、手洗い器 ・更衣室…ロッカー ・多機能便所…洋式便器 ・洗面所…洗面器 ・玄関ホール…下足入れ
	ウ. 2階平面図には、次のものを記入する。 ・1階の屋根伏図（1階の屋根がある場合） ・居間(A)・食事室(A)・台所(A)…テーブル、椅子、台所設備機器（流し台・調理台・コンロ台・冷蔵庫等） ・子夫婦寝室…ベッド ・子ども室…ベッド、机 ・浴室(A)…浴槽 ・洗面脱衣室(A)…洗面台、洗濯機 ・便所(A)…洋式便器
	エ. 3階平面図には、次のものを記入する。 ・2階の屋根伏図（2階の屋根がある場合） ・部分詳細図（断面）の切断位置及び方向 ・居間(B)・食事室(B)・台所(B)…テーブル、椅子、台所設備機器（流し台・調理台・コンロ台・冷蔵庫等） ・親夫婦寝室…ベッド ・浴室(B)…浴槽 ・洗面脱衣室(B)…洗面台、洗濯機 ・便所(B)…洋式便器 ・ルーフテラス…花壇、洗い場
(4) 立　面　図 (1/100)	ア. 南側立面図とする。
(5) 断　面　図 (1/100)	ア. 切断位置は、南北方向とし、1階の喫茶スペースの外壁の開口部を含み、2階及び3階を含む部分とする。 イ. 建築物の外形、床面及び天井面の形状がわかる程度のものとし、構造部材（梁、スラブ、地中梁等）を記入する。 ウ. 建築物の最高の高さ、軒高、階高、天井高、1階床高、開口部の内法寸法及び主要な室名を記入する。 エ. 見え掛かりの開口部、階段等（室の対向面に見えるもの）は記入しなくてよい。
(6) 部分詳細図（断面） (1/20)	ア. 切断位置は、外壁を含む部分とする。 イ. 作図の範囲は、3階屋根部分（屋上のパラペット天端から3階の天井仕上面より下方200mm以上）とし、外壁の壁心から1,000mm以上とする。 ウ. 主要部の寸法等を記入する。 エ. 主要部材（大梁、屋根スラブなど必要なもの）の名称・断面寸法・厚さを記入する。 オ. 外気に接する部分（屋根、外壁、その他必要と思われる部分）の断熱・防水措置を記入する。 カ. 主要な部位（屋根、外壁、内壁、天井）の仕上材料名を記入する。
(7) 面　積　表	ア. 建築面積、床面積及び延べ面積を記入する。 イ. 建築面積及び床面積については、計算式も記入する。 ウ. 面積の数値は、小数点以下第2位までとし、第3位以下は切り捨てる。
(8) 主要構造部材表	ア. 主要な地中梁、1階の柱、2階床大梁及び3階床大梁の断面寸法を記入する。 イ. 主要な外壁、2階床スラブ及び3階床スラブの厚さを記入する。
(9) 計画の要点等	ア. 建築物及び敷地の計画に関する次の①〜③について、具体的に記述する。 ①カフェ部分について、地域住民の交流の場として利用できるようにするに当たって、工夫した点 ②地域住民が交流できるカフェをもつ建築物として、外観及び外構計画において工夫した点 ③建築物の環境負荷低減（省エネルギー等）について、工夫した点

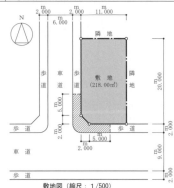

敷地図（縮尺：1/500）
（注）交差点付近の歩道の斜線部分には、駐車のためのアプローチを計画してはならない。

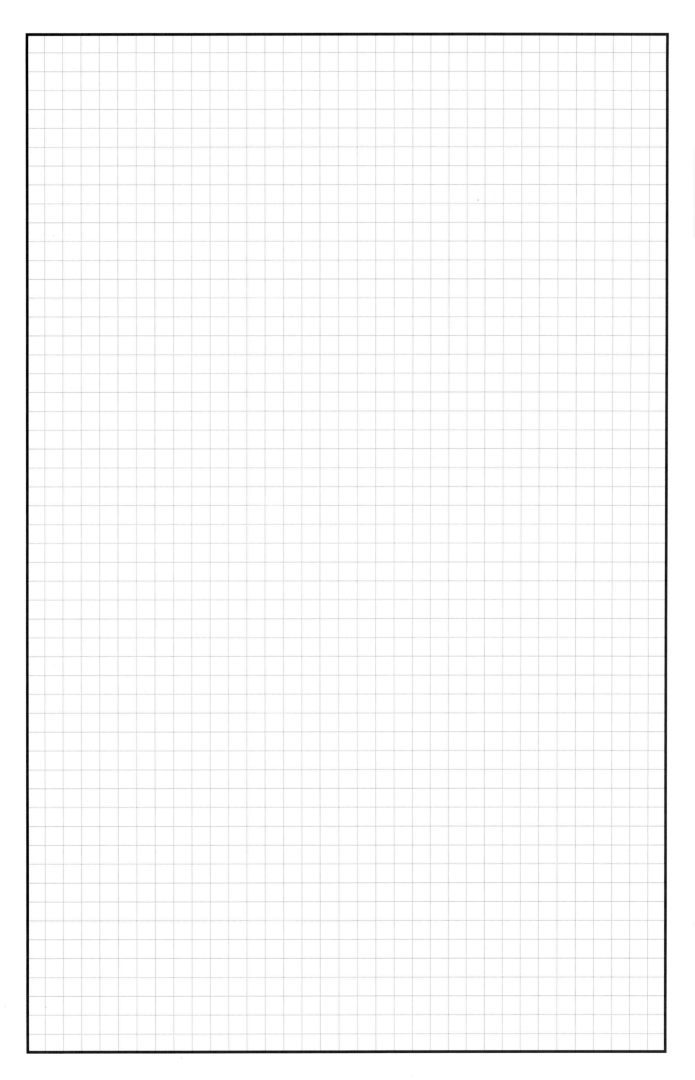

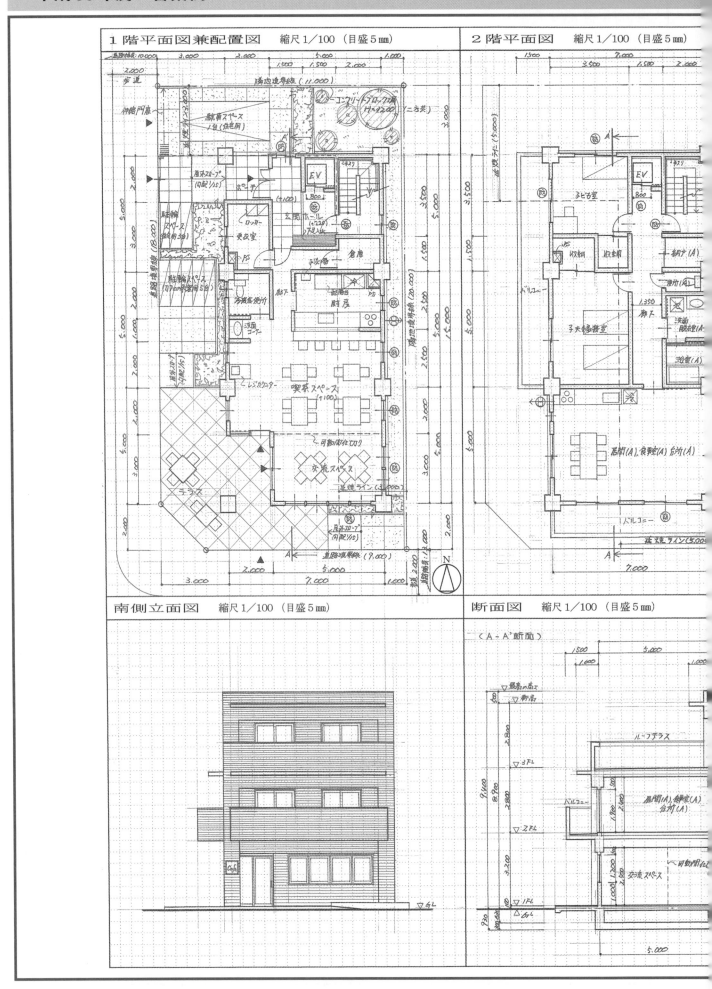

1 階平面図兼配置図　縮尺1／100（目盛5mm）

2 階平面図　縮尺1／100（目盛5mm）

南側立面図　縮尺1／100（目盛5mm）

断面図　縮尺1／100（目盛5mm）

3階平面図　縮尺1/100（目盛5mm）

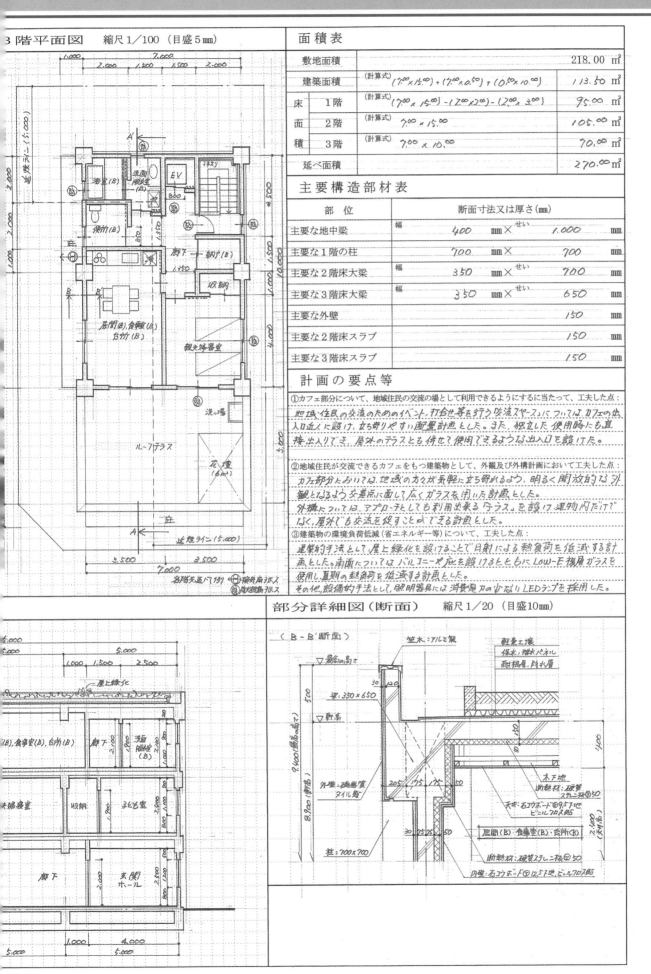

面積表

敷地面積			218.00 ㎡
建築面積		（計算式） (7.00×15.00) + (7.00×0.50) + (0.50×10.00)	113.50 ㎡
床面積	1階	（計算式） (7.00×15.00) - (2.00×2.00) - (2.00×3.00)	95.00 ㎡
	2階	（計算式） 7.00 × 15.00	105.00 ㎡
	3階	（計算式） 7.00 × 10.00	70.00 ㎡
延べ面積			270.00 ㎡

主要構造部材表

部　位	断面寸法又は厚さ(mm)		
主要な地中梁	幅 400 mm× せい 1,000		mm
主要な1階の柱	700 mm× せい 700		mm
主要な2階床大梁	幅 350 mm× せい 700		mm
主要な3階床大梁	幅 350 mm× せい 650		mm
主要な外壁	150		mm
主要な2階床スラブ	150		mm
主要な3階床スラブ	150		mm

計画の要点等

①カフェ部分について、地域住民の交流の場として利用できるようにするに当たって、工夫した点：
地域住民の交流のためのイベント、打合せ等を行う交流スペースについては、カフェの出入口近くに設け、立ち寄りやすい配置計画とした。また、独立した使用時にも直接出入りでき、屋外のテラスとも併せて使用できるような出入口を設けた。

②地域住民が交流できるカフェをもつ建築物として、外観及び外構計画において工夫した点：
カフェ部分については、地域の方々が気軽に立ち寄れるよう、明るく開放的な外観となるよう交差点に面して広くガラスを用いた計画とした。
外構については、アプローチとしても利用出来る「テラス」を設け建物内だけでなく、屋外でも交流を促すことのできる計画とした。

③建築物の環境負荷低減（省エネルギー等）について、工夫した点：
建築的手法として、屋上緑化を設けることで日射による熱負荷を低減する計画とした。南面についてはバルコニーや庇を設けるとともにLow-E複層ガラスを使用し夏期の熱負荷を低減する計画とした。
その他、設備的手法として、照明器具には消費電力の少ないLEDランプを採用した。

部分詳細図（断面）　縮尺1/20（目盛10mm）

〔B-B'断面〕

「3階に住宅のある貸店舗（乳幼児用雑貨店）
［鉄筋コンクリート造（ラーメン構造）3階建］」

1. 設計条件

　ある地方都市の商店街において、1階及び2階を貸店舗、3階をこの建築物のオーナーの住宅とする建築物を計画する。貸店舗は喫茶コーナーを併設した乳幼児用雑貨店（知育玩具・絵本・ベビー用品等を販売）とし、1階及び2階を一体の店舗として使用するものとする。
　計画に当たっては、次の①～⑤に特に留意する。
　①1階の店舗部分の客用の出入口への主たるアプローチは南側道路（表通り）とし、3階の住宅部分への主たるアプローチは北側道路（裏通り）とする。
　②共用（コア）部分として、3階の住宅部分の玄関に通ずる屋内直通階段及びエレベーターを設ける。共用（コア）部分は、1階及び2階の店舗部分からも出入りできるようにする。
　③共用（コア）部分の屋内直通階段とは別に、1階の売場スペースから2階の店舗部分に通ずる店舗専用階段を設ける。
　④2階の店舗部分には、喫茶コーナーを設け、屋内プレイスペースで遊ぶ幼児を見守ることができるようにする。また、1階部分の屋上（2階フロアレベル）に、2階部分から利用する屋外プレイスペースを設ける。
　⑤建築物の耐震性を確保する。

(1) 敷　地
　ア．形状、道路との関係、方位等は、下図のとおりである。
　イ．近隣商業地域内にあり、準防火地域に指定されている。
　ウ．建ぺい率の限度は80%、容積率の限度は300%である。
　エ．地形は平坦で、道路及び隣地との高低差はなく、地盤は良好である。
　オ．電気、都市ガス、上水道及び公共下水道は完備している。

(2) 構造、階数、建築物の高さ等
　ア．鉄筋コンクリート造（ラーメン構造）3階建とする。
　イ．建築物の最高の高さは10m以下、かつ、軒の高さは9m以下とする。
　ウ．建築物の外壁面及び柱面は隣地境界線から500mm以上離すものとする。
　エ．塔屋（ペントハウス）は設けないものとする。

(3) 延べ面積
　必ず「230㎡以上、300㎡以下」とする。
　（床面積については、ピロティ、バルコニー、屋外階段、屋外廊下、屋外通路、玄関ポーチ、屋外プレイスペース、駐輪スペース等は算入しないものとする。また、エレベーターシャフトについても、床面積に算入しないものとする。）

(4) 人員構成等
　ア．住宅部分は、夫婦（40歳代）の2人暮らしである。
　イ．店舗部分では、店長1名及び従業員3名の計4名が就業する。

(5) 要求室等
　下表の全ての室等は、必ず指定された設置階に計画する。

部門	設置階	室名等	特記事項	床面積
店舗部分	1階	売場スペース	ア．商品を陳列する棚（長さの合計が3,000mm以上）及び幅1,500mm×奥行800mm以上の陳列台（2台以上）を設ける。 イ．レジカウンターを設ける。	適宜
		スタッフルーム	ア．テーブル及び椅子（2席）を設ける。 イ．4名分のロッカーを設ける。	適宜
		多機能便所(1)	ア．広さは、心々2,000mm×2,000mm以上とする。 イ．出入口は引戸とし、幅の内法は、800mm以上とする。 ウ．手摺及びおむつ替え用台を設ける。	4㎡以上
		倉庫		適宜
	2階	喫茶コーナー	ア．カウンター席及びテーブル席を、計12席以上設ける。 イ．屋内プレイスペースで遊ぶ幼児を見守ることができるようにする。 ウ．軽食を提供できる程度の厨房を設ける。	適宜
		屋内プレイスペース	ア．幼児が遊べるスペースとし、その一部に絵本コーナーを設ける。 イ．喫茶コーナーから遊ぶ幼児を見守ることができるようにする。 ウ．履物を脱いで使用する。	適宜
		授乳室	ア．授乳用ブース（広さが心々1,000mm×1,000mm以上）を2つ設ける。 イ．手洗い器を設ける。	適宜
		多機能便所(2)	ア．広さは、心々2,000mm×2,000mm以上とする。 イ．出入口は引戸とし、幅の内法は、800mm以上とする。 ウ．手摺及びおむつ替え用台を設ける。	4㎡以上
	1・2階	店舗専用階段	・1階の売場スペースから2階の店舗部分に通ずるものとする。	適宜
住宅部分	3階	玄関	・下足入れを設ける。	適宜
		居間・食事室・台所	ア．1室にまとめなくてもよい。 イ．食事室には、テーブル及び椅子を設ける。	
		夫婦寝室	ア．洋室とし、ベッド（計2台）を設ける。 イ．ウォークインクロゼット（4㎡以上）を設ける。	
		洗面脱衣室		
		浴室		
		便所		
		納戸		
共用（コア）部分	各階	屋内直通階段	ア．3階の住宅部分の玄関に通ずるものとする。 イ．1階及び2階の店舗部分から出入りできるようにする。	適宜
		エレベーター	ア．3階の住宅部分の玄関に通ずるものとする。 イ．1階及び2階の店舗部分からベビーカーを使用する来客者が支障なく出入りできるようにする。 ウ．エレベーターシャフトは、心々2,000mm×2,000mm以上とする。 エ．駆動装置は、エレベーターシャフト内に納まるものとし、機械室は設けなくてよい。 オ．出入口の幅の内法は、800mm以上とする。	4㎡以上

（注1）防火区画については、考慮しなくてよい。
（注2）店舗部分においては、屋内プレイスペースを除き、全て下足とする。

(6) スロープ
　ベビーカーを使用する来客者が支障なく利用できるように、必要に応じて設ける。

(7) 屋外施設
　ア．建築物の1階部分の屋上に幼児が遊ぶことができる屋外プレイスペース（15㎡以上）を設ける。なお、屋外プレイスペースには、幼児の階下への転落防止上有効な手摺を設ける。
　イ．屋外に、自転車5台分（店舗客用3台、住宅用2台）の駐輪スペースを計画する。
　ウ．駐車スペースは、近隣にある駐車場を利用するものとし、計画しないものとする。

2. 要求図書

　a．下表により、答案用紙の定められた枠内に記入する（寸法線は、枠外にはみだして記入してもよい）。
　b．図面は黒鉛筆仕上げとする（定規を用いなくてもよい）。
　c．記入寸法の単位は、mmとする。なお、答案用紙の1目盛は、5mmである。
　d．シックハウス対策のための機械換気設備等は、記入しなくてよいものとする。

要求図書（　）内は縮尺	特記事項
(1) 1階平面図兼配置図（1/100）	ア．1階平面図兼配置図、2階平面図及び3階平面図には、次のものを記入する。 ・建築物の主要な寸法 ・室名等 ・断面図の切断位置及び方向
(2) 2階平面図（1/100）	イ．1階平面図兼配置図には、次のものを記入する。 ・敷地境界線と建築物との距離 ・道路から建築物へのアプローチ、屋外スロープ（高低差が生じる場合）、駐輪スペース等 ・道路から建築物への出入口には、▲印を付ける。 ・売場スペース…棚、陳列台、レジカウンター ・スタッフルーム…テーブル、椅子、ロッカー ・多機能便所(1)…洋式便器、手摺、手洗い器、おむつ替え用台
(3) 3階平面図（1/100）	ウ．2階平面図には、次のものを記入する。 ・1階の屋根伏図 ・喫茶コーナー…カウンター、テーブル、椅子、レジスター、厨房設備機器（流し台・調理台・コンロ台・冷蔵庫等）、配膳台、手洗い器 ・屋内プレイスペースの絵本コーナー…絵本棚 ・授乳室…授乳用ブース、手洗い器 ・多機能便所(2)…洋式便器、手摺、手洗い器、おむつ替え用台 ・屋外プレイスペース…幼児の転落防止上有効な手摺 エ．3階平面図には、次のものを記入する。 ・2階の屋根伏図（2階の屋根がある場合） ・玄関…下足入れ ・居間・食事室・台所…テーブル、椅子、台所設備機器（流し台・調理台・コンロ台・冷蔵庫等） ・夫婦寝室…ベッド、ウォークインクロゼット ・洗面脱衣室…洗面台、洗濯機 ・浴室…浴槽 ・便所…洋式便器、手洗い器
(4) 立面図（1/100）	・南側立面図とする。
(5) 断面図（1/100）	ア．切断位置は、南北方向とし、1階の売場スペース、2階の屋外プレイスペース及び3階を含む部分とする。 イ．建築物の外形、床面及び天井面の形状がわかる程度のものとし、構造部材（梁、スラブ、地中梁、基礎等）を記入する。 ウ．建築物の最高の高さ、軒高、階高、天井高、1階床高、開口部の内法寸法及び主要な室名を記入する。 エ．見え掛かりの開口部、階段等（室の対向面に見えるもの）は記入しなくてよい。 オ．屋外プレイスペースの手摺の高さを記入する。
(6) 面積表	ア．建築面積、床面積及び延べ面積を記入する。 イ．建築面積及び床面積については、計算式も記入する。 ウ．面積の数値は、小数点以下第2位までとし、第3位以下は切り捨てる。
(7) 仕上表	ア．外部の主要な部位（3階の屋根、外壁）の仕上材料名及び下地材料名を記入する。 イ．内部（売場スペース）の主要な部位（床、内壁、天井）の仕上材料名及び下地材料名を記入する。
(8) 主要構造部材表	ア．主要な1階の柱並びに2階床大梁及び3階床大梁の断面寸法を記入する。 イ．主要な外壁並びに2階床スラブ及び3階床スラブの厚さを記入する。
(9) 計画の要点等	・建築物及び敷地の計画に関する次の①～③について、具体的に記述する。 ①共用（コア）部分の配置・動線等の計画について、工夫した点 ②店舗部分の計画について、工夫した点 ③住宅部分の計画について、工夫した点

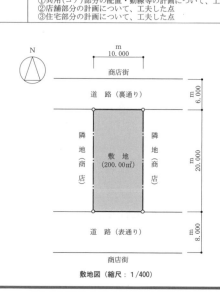

敷地図（縮尺：1/400）

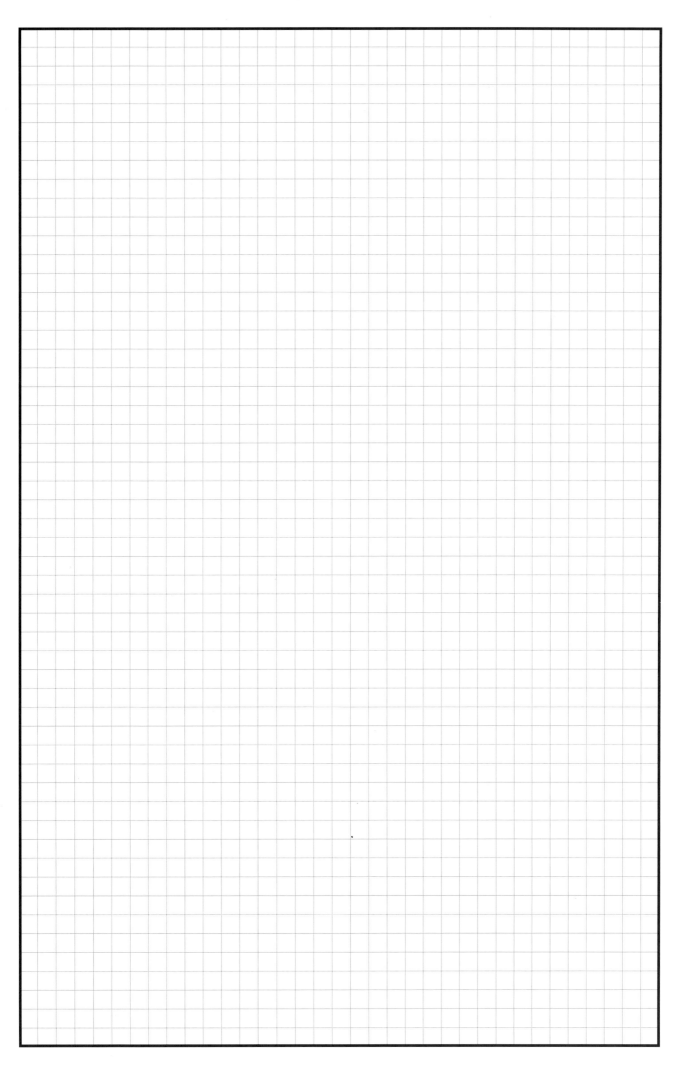

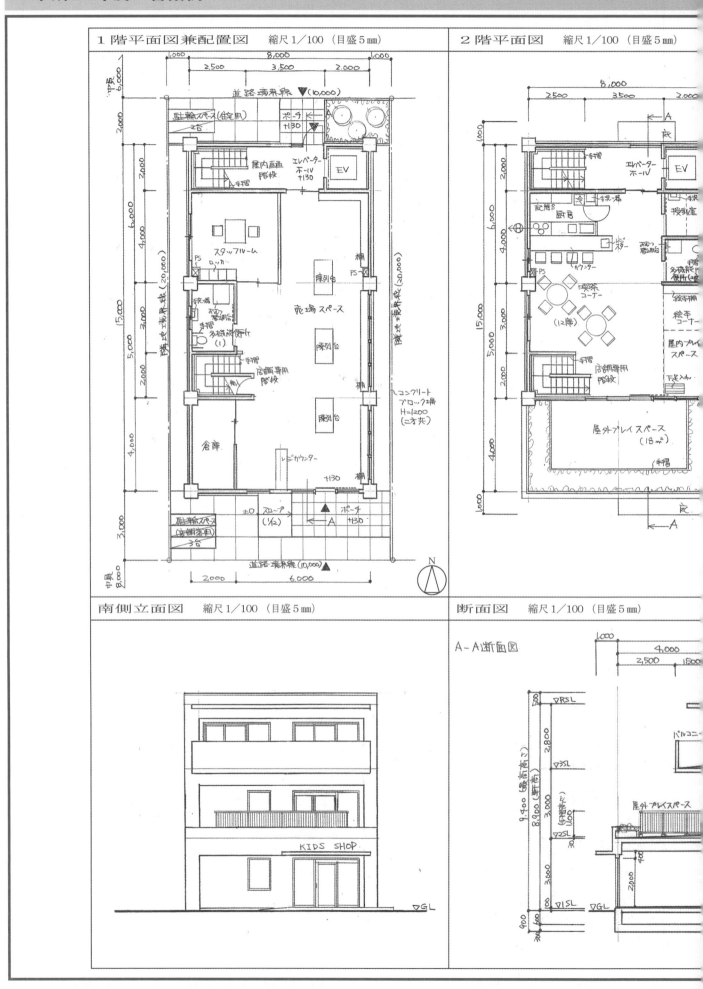

1階平面図兼配置図　縮尺1/100（目盛5㎜）

2階平面図　縮尺1/100（目盛5㎜）

南側立面図　縮尺1/100（目盛5㎜）

断面図　縮尺1/100（目盛5㎜）

3階平面図　縮尺1/100（目盛5mm）

凡例　←⊗　換気扇ヲネス

面積表

敷地面積			200.00 ㎡
建築面積	（計算式）	8.00 × 15.00	120.00 ㎡
床面積	1階	（計算式）8.00 × 15.00－(2.00×2.00)	116.00 ㎡
	2階	（計算式）8.00 × 11.00－(2.00×2.00)	84.00 ㎡
	3階	（計算式）8.00 × 11.00－(2.00×2.00)	84.00 ㎡
延べ面積			284.00 ㎡

仕上表

部 位		仕上材料名	下地材料名
外部仕上	3階の屋根	改良アスファルトシート防水	均シモルタル
	外壁	吹付タイル	コンクリート打放シ
内部仕上（売場スペース）	床	長尺ビニルシート貼	均シモルタル
	内壁	ビニルクロス貼	石コウボード⑦12.5
	天井	ビニルクロス貼	石コウボード⑦9.5

主要構造部材表

部 位	断面寸法又は厚さ(mm)	
主要な1階の柱	700 mm×	700 mm
主要な2階床大梁	幅 450 mm×	せい 700 mm
主要な3階床大梁	幅 450 mm×	せい 650 mm
主要な外壁		150 mm
主要な2階床スラブ		150 mm
主要な3階床スラブ		150 mm

計画の要点等

①共用（コア）部分の配置・動線等の計画について、工夫した点：
住宅部分のアプローチである北側道路側に共用（コア）部分を横長に配置することで、3階の住宅部分の主要室を南面に配置できるように、また、1・2階の店舗部分を整形な形で計画できるように工夫した。

②店舗部分の計画について、工夫した点：
1階の店舗部分は、東側に売場スペースを整形に計画し、西側にサービス部分をまとめることで、来店者と店舗サービスとの動線を明確に分離し、集客性の高い店舗となるように工夫した。

③住宅部分の計画について、工夫した点：
居住性に配慮して、居間・食事室・台所及び夫婦寝室は日照の良い南側に配置できるように、北側に玄関、サニタリーをまとめ配置した。また、バルコニーを設けることで、店舗からの視線が直接交わらないようにした。

「多目的スペースのあるコミュニティ施設

［鉄筋コンクリート造（ラーメン構造）２階建］」

1．設計条件

　ある地方都市において、地域住民及び隣接する公園の利用者が気軽に訪れ、趣味の教室やイベント等を行う交流の場として公園と一体的に利用できるコミュニティ施設を計画する。また、災害時には、地域住民の支援活動の場としても利用できる施設とする。
　計画に当たっては、次の①〜④に特に留意する。
　①隣接する公園からも、施設を直接利用できるようにする。
　②公園の利用者も気軽に利用できるように、喫茶スペース及び屋外カフェテラスを公園側に配置する。また、公園のイベント時や災害時にも、喫茶スペースの厨房を利用できるようにする。
　③趣味の教室やイベント等を行う交流の場として利用できるように多目的スペースを設ける。また、災害時にも、多目的スペースを活用できるようにする。
　④建築物の耐震性を確保する。

（1）敷　地
　ア．形状、道路との関係、方位等は、下図のとおりである。
　イ．第一種住居地域内にあり、防火地域及び準防火地域の指定はない。
　ウ．建ぺい率の限度は60％（特定行政庁が指定した角地における加算を含む。）、容積率の限度は200％である。
　エ．地形は平坦で、道路、隣地及び公園との高低差はなく、地盤は良好である。
　オ．公園から敷地への出入口は、適宜設定する。
　カ．電気、都市ガス、上水道及び公共下水道は完備している。

（2）構造、階数及び建築物の高さ
　ア．鉄筋コンクリート造（ラーメン構造）２階建とする。
　イ．建築物の最高の高さは10m以下、かつ、軒の高さは９m以下とする。
　ウ．塔屋（ペントハウス）は設けないものとする。

（3）延べ面積
　必ず「260㎡以上、300㎡以下」とする。
　（床面積については、ピロティ、バルコニー、屋外階段、玄関ポーチ、屋外スロープ、屋外カフェテラス、駐車スペース、駐輪スペース等は算入しないものとする。）

（4）人員構成等
　館長（1名）、職員（2名）、喫茶スペースの従業員（ボランティアスタッフとし、常時2名で交代制）とする。

（5）要求室
　下表のすべての室は、必ず指定された設置階に計画する。

設置階	室　名	特　記　事　項	床面積
1階	エントランスホール	ア．上下足の履き替えはしないものとする。 イ．情報コーナーを設ける。 ウ．公園側から利用しやすいようにサブエントランスを設けてもよい。	適宜
	多目的スペース	・可動間仕切りにより、独立した室としても使用できるようにする。	30㎡以上
	倉　庫	・多目的スペースで使用する机・いす等を収納する。	
	喫茶スペース	ア．カウンター席及びテーブル席を、計10席以上設ける。 イ．屋外カフェテラスを設け、直接行き来できるようにする。 ウ．厨房を設け、公園のイベント時や災害時にも利用できるようにする。	適宜
	事　務　室	ア．3名分の事務机を設ける。 イ．受付カウンターを設ける。 ウ．5名分のロッカーを設ける。	
	通　用　口	・館長、職員及び喫茶スペースの従業員が使用する。	
	備蓄倉庫	・非常用の食糧等を保管する棚を設ける。	5㎡以上
	便　所	・男女別に設ける。	適宜
	多目的便所	ア．高齢者・身体障がい者・妊婦のほか、乳幼児を連れた人等が使用する。 イ．広さは、心々2,000mm×2,000mm以上とする。 ウ．出入口は引戸とし、幅の内法は、800mm以上とする。	4㎡以上
2階	和　室	ア．出入口に踏込み及び下足入れを設ける。 イ．押入れを設ける。	14畳以上 （踏込み及び 押入れを除く）
	会　議　室	ア．可動間仕切りにより、2室に分割でき、それぞれ独立して使用できるようにする。 イ．2室に分割したときに、それぞれの室ごとに独立して使用できる収納を設ける。	20㎡以上 （収納を除く）
	湯　沸　室	・流し台を設ける。	適宜
	倉　庫		
	便　所	・男女別に設ける。	

（6）階段、エレベーター及びスロープ
　ア．建築物には2以上の階段を設けるものとし、そのうち1の階段については屋外階段としてもよい。
　イ．建築物内に、必ずエレベーター1基を設ける。
　　・エレベーターシャフトは、心々2,000mm×2,000mm以上とする。
　　・駆動装置は、エレベーターシャフト内に納めるものとし、機械室は設けなくてよい。
　　・乗降ロビーは、心々2,000mm×2,000mm以上とする（廊下と兼用してもよい）。
　ウ．敷地内の通路の計画において高低差が生じる場合は、屋外スロープ（勾配を$\frac{1}{15}$以下）を設ける。

（7）屋外施設等
　屋外に下表のものを計画する。

名　　称	特　記　事　項
屋外カフェテラス	ア．テーブル席を、計12席以上設ける。 イ．公園の利用者も気軽に利用できるようにする。 ウ．喫茶スペースと直接行き来できるようにする。
駐車スペース	ア．車いす使用者用として1台分（幅3.5m以上とする。）、サービス用として1台分の駐車スペースを計画する。 イ．一般来館者用の駐車スペースは公園内のものを利用し、敷地内に計画しなくてよい。
駐輪スペース	・来館者用として自転車6台分以上の駐輪スペースを計画する。

2．要求図書

　a．下表により、答案用紙の定められた枠内に記入する（寸法線は、枠外にはみだして記入してもよい。）。
　b．図面は黒鉛筆仕上げとする（定規を用いなくてもよい。）。
　c．記入寸法の単位は、mmとする。なお、答案用紙の1目盛は、5mmである。
　d．シックハウス対策のための機械換気設備等は、記入しなくてよいものとする。

要求図書 （ ）内は縮尺	特　記　事　項
1階平面図 兼 配　置　図 （1/100）	ア．敷地境界線と建築物との距離、建築物の主要な寸法を記入する。 イ．道路・公園から建築物への屋外通路、門、塀、植栽、屋外カフェテラス、屋外スロープ（高低差が生じる場合）、駐車スペース、駐輪スペース等を記入する。 ウ．室名を記入する。 エ．要求室には、次のものを記入する。 　・エントランスホールの情報コーナーには、パソコン用の机、いす 　・多目的スペースには、可動間仕切り 　・喫茶スペースには、カウンター、テーブル、いす 　・喫茶スペースの厨房には、厨房設備機器（流し台・調理台・コンロ台、冷蔵庫等）、配膳台、手洗い器 　・事務室には、事務机、いす、受付カウンター、ロッカー 　・備蓄倉庫には、棚 　・便所には、洋式便器、手洗い器 　・多目的便所には、洋式便器、手摺、洗面器、おむつ替え用台 オ．屋外カフェテラスには、テーブル、いすを記入する。 カ．断面図の切断位置を記入する。
2階平面図 （1/100）	ア．建築物の主要な寸法を記入する。 イ．室名を記入する。 ウ．要求室には、次のものを記入する。 　・和室には、下足入れ 　・会議室には、可動間仕切り 　・湯沸室には、流し台 　・便所には、洋式便器、手洗い器 エ．1階の屋根伏図（平家部分がある場合）も記入する。 オ．断面図の切断位置を記入する。
立　面　図 （1/100）	・西側（公園側）立面図とする。
断　面　図 （1/100）	ア．切断位置は、多目的スペースの外壁の開口部を含み、さらに、2階を含む部分とする。 イ．建築物の外形、床面及び天井面の形状がわかる程度のものとし、構造部材（梁、スラブ、地中梁、基礎等）を記入する。 ウ．建築物の最高の高さ、軒高、階高、天井高、1階床高、開口部の内法寸法及び主要な室名を記入する。 エ．見え掛かりの開口部（室の対向面に見えるもの）を記入する。
面　積　表	ア．建築面積、床面積及び延べ面積を記入する。 イ．建築面積及び床面積については、計算式も記入する。 ウ．計算結果は、小数点以下第2位までとし、第3位以下は切り捨てる。
仕　上　表	ア．外部の主要な部位（屋根、外壁）の仕上材料名及び下地材料名を記入する。 イ．内部（多目的スペース）の主要な部位（天井、内壁、床）の仕上材料名及び下地材料名を記入する。
主要構造部材表	ア．主要な柱及び2階床大梁の断面寸法を記入する。 イ．主要な外壁及び2階床スラブの厚さを記入する。
計画の要点等 （多目的スペースの計画）	・多目的スペースの計画に関する次の①〜③について、それぞれ箇条書きで具体的に記述する。 　①その配置とした理由 　②動線計画において工夫したこと 　③災害時の利用を想定して工夫したこと

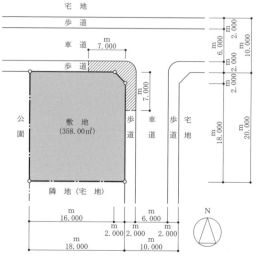

敷地図（縮尺：1/400）

（注）交差点付近の歩道の斜線部分には、駐車のためのアプローチを計画してはならない。

14

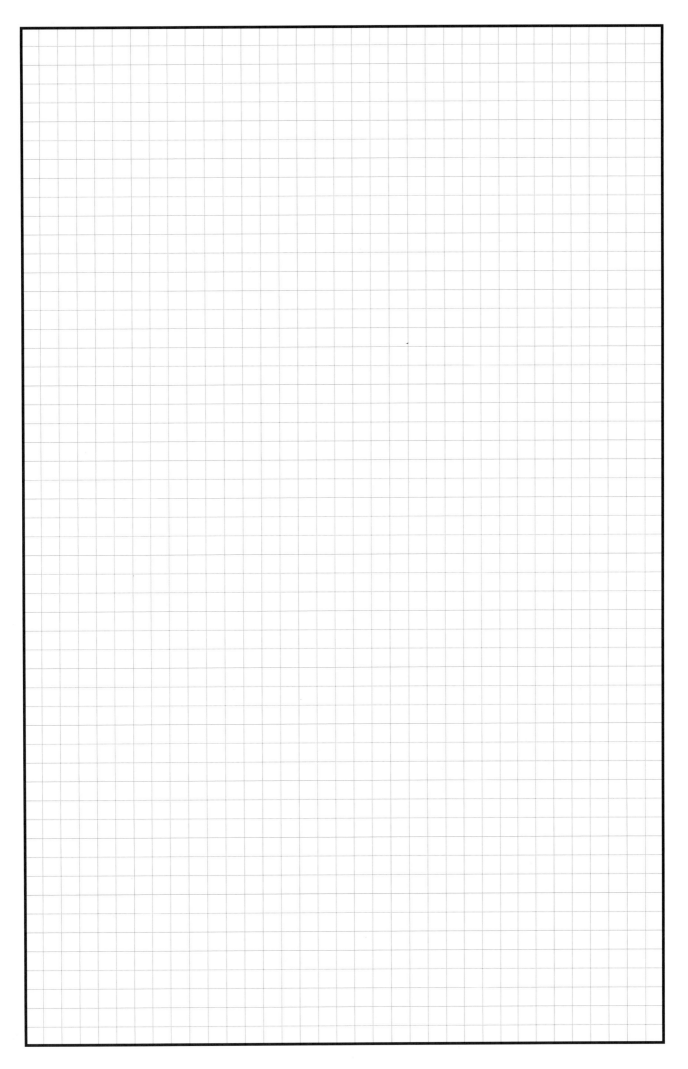

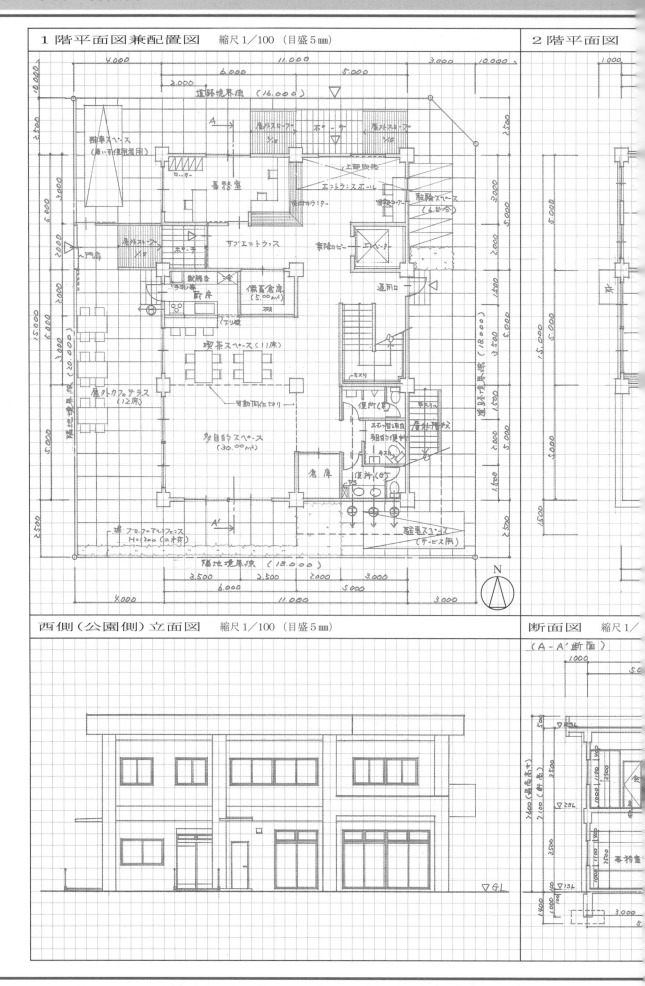

1階平面図兼配置図　縮尺1/100（目盛5mm）

2階平面図

西側（公園側）立面図　縮尺1/100（目盛5mm）

断面図　縮尺1/

（目盛5mm）

面積表

敷地面積			358.00 ㎡
建築面積		（計算式） （11.00 × 15.00）＋（5.00 × 0.50） ＋（5.00 × 0.50）＋（0.50 × 0.50）＋（0.50 × 4.25）	172.62 ㎡
床面積	1階	（計算式） （11.00 × 15.00）－（2.00 × 2.00）	161.00 ㎡
	2階	（計算式） （11.00 × 15.00）－（6.00 × 5.00）－（5.00 × 1.50）	127.50 ㎡
延べ面積			288.50 ㎡

仕上表

部　位		仕上材料名	下地材料名
外部仕上	屋根	合成ゴム系ルーフィングシート単層張	均しモルタル
	外壁	吹付タイル仕上	コンクリート打放シ
内部仕上 （多目的スペース）	天井	岩綿吸音板 ⑦12	石コウボード ⑦9.5
	内壁	ビニールクロス貼	石コウボード ⑦12.5
	床	長尺ビニールシート貼	均しモルタル

主要構造部材表

部　位	断面寸法又は厚さ（mm）			
主要な柱	600 mm ×		600 mm	
主要な2階床大梁	350 mm ×		600 mm	
主要な外壁				150 mm
主要な2階床スラブ				150 mm

凡例 1、2階共通　←⊗→　換気扇ヲ示ス

（5mm）

計画の要点等（多目的スペースの計画）

①その配置とした理由

交流の場として明るく豊かな空間となるように。また、イベントや災害時の公園との一体的な利用を考慮して南面角に配置した。

②動線計画において工夫したこと

交流活動の場の中心として、喫茶スペース及び屋外カフェテラスと面接行き来できるようにし、公園利用者も利用しやすい動線計画とした。

③災害時の利用を想定して工夫したこと

災害時の炊き出し等を考慮し、喫茶スペースとの一体的な利用を行えるよう、そのスペースを広く確保した。

第3章

設計製図試験の概要と受験の手引き

① 設計製図試験の概要

■（1）試験の概要

　2級建築士になるためには、都道府県知事の行う2級建築士試験に合格し、その都道府県知事の免許を受けなければならない。

　試験は、「学科試験」と「**設計製図試験**」に分けて行われ、学科試験に合格した者だけが「設計製図試験」を受験することができる。

　「学科試験」には合格したが、「設計製図試験」に不合格となった者、または受験しなかった者は、本人の申請によりその翌年と翌々年の試験における「学科試験」が免除される。令和2年（2020年）度学科合格者からは、「学科試験」合格の翌年から4回の試験のうち、2回（学科合格年度に設計製図試験を欠席する場合は3回）について「学科試験」が免除される。

　また試験の実施は、都道府県知事から、都道府県指定試験機関に指定された、（公財）建築技術教育普及センターが行い、全国を8ブロック（北海道、東北、関東、北陸、東海、近畿、中国・四国、九州）に分けて、ブロックごとに「設計製図試験の課題」が発表・出題されるが、平成16年より全ブロックで課題が統一された。

設計製図試験				
年	実施	課題	延べ面積 （㎡）	答案用紙 の方眼
平成26年	全ブロック	介護が必要な親（車椅子使用者）と同居する専用住宅 （木造2階建）	140〜180	4.55mm ＋ 10mm
平成27年	全ブロック	3階に住宅のある貸店舗（乳幼児雑貨店） （鉄筋コンクリート造（ラーメン構造）3階建）	230〜300	5mm
平成28年	全ブロック	景勝地に建つ土間スペースのある週末住宅 （木造2階建て）	160〜190	4.55mm ＋ 10mm
平成29年	全ブロック	家族のライフステージの変化に対応できる三世代住宅 （木造2階建て）	170〜210	4.55mm ＋ 10mm
平成30年	全ブロック	地域住民が交流できるカフェを併設する二世帯住宅 （鉄筋コンクリート造（ラーメン構造）3階建て）	250〜300	5mm ＋ 10mm
令和元年	全ブロック	夫婦で営む建築設計事務所を併設した住宅 （木造2階建て）	170〜220	4.55mm ＋ 10mm
令和2年	全ブロック	シェアハウスを併設した高齢者夫婦の住まい （木造2階建て）	170〜250	4.55mm ＋ 10mm
令和3年	全ブロック	歯科診療所併用住宅 （鉄筋コンクリート造）	240〜300	5mm ＋ 10mm
令和4年	全ブロック	保育所 （木造）	200〜250	4.55mm ＋ 10mm
令和5年	全ブロック	専用住宅 （木造）	140〜190	4.55mm ＋ 10mm

　全国を8つのブロックに分けて、試験は行われる。

　近年の本試験課題を表にしたものです。

　木造や鉄筋コンクリート造、鉄骨造、また、専用住宅や店舗併用住宅など様々な課題の出題があります。

　過去には、いろいろな課題が出題されたんだなぁ。しっかり勉強しなくちゃ！

（2）近年の２級建築士試験の結果

近年の２級建築士試験の学科 ・ 設計製図のそれぞれの試験の結果を以下に示す。

		学科	設計製図	総合
平成26年	受験者数	20,788	10,573	24,033
	合格者数	7,881	5,842	5,842
	合格率	37.9%	55.3%	24.3%
平成27年	受験者数	19,940	9,456	23,680
	合格者数	5,996	5,103	5,103
	合格率	30.1%	54.0%	21.5%
平成28年	受験者数	20,057	11,159	23,333
	合格者数	8,488	5,920	5,920
	合格率	42.3%	53.1%	25.4%
平成29年	受験者数	19,649	10,837	23,735
	合格者数	7,197	5,763	5,763
	合格率	36.6%	53.2%	24.3%
平成30年	受験者数	19,557	10,920	23,533
	合格者数	7,366	5,997	5,997
	合格率	37.7%	54.9%	25.5%
令和元年	受験者数	19,389	10,884	22,715
	合格者数	8,143	5,037	5,037
	合格率	42.0%	46.3%	22.2%
令和2年	受験者数	18,258	11,253	22,628
	合格者数	7,565	5,979	5,979
	合格率	41.4%	53.1%	26.4%
令和3年	受験者数	19,596	11,450	23,513
	合格者数	8,219	5,559	5,559
	合格率	41.9%	48.6%	23.6%
令和4年	受験者数	18,893	10,797	22,694
	合格者数	8,088	5,670	5,670
	合格率	42.8%	52.5%	25.0%
令和5年	受験者数	17,805	9,988	22,328
	合格者数	6,227	4,985	4,985
	合格率	35.0%	49.9%	22.3%

※ 合格率は全国合計とする（都道府県により若干異なる）。
※ 統計資料：（公財）建築技術教育普及センター

上記の結果から分かることは、「設計製図試験」では、受験者のほぼ半数が合格しているが、過去に「学科試験」に合格し、「設計製図試験」で不合格になった設計製図試験の経験者を含む数字であるため、決して油断はできないということである。

合格するためには、与えられた設計条件を満足し、時間内に、正確、かつ正しい表現で図面を仕上げることが求められる。

大切なことは、的確にプランをまとめ、要求された図面をいかに短時間で仕上げるか、ということである。

注意

過去の試験データから、２級建築士の概要を読み取ってください。

設計製図の経験者でなくとも、きちんとした学習 ・ 練習を行えば十分合格できます。

◆２級建築士設計製図の試験合格者の主な属性（職務内容別）
※（公財）建築技術教育普及センター公表資料の近年の概算値

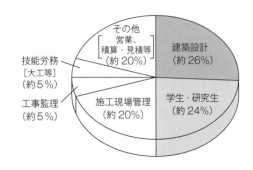

普段、図面を描いてない人は、作図に慣れるために、今すぐ作図練習を始めよう！

（3）試験時間 ： 5時間

　設計製図の試験時間は、**5時間**である。当然、この時間内にプランニングをし、図面を一式描きあげなければならない。

　設計製図試験では一部の図面がいくらきれいに100％描けていても、**未完成図面が1面でもあれば不合格**である。「面積表」および「計画の要点等」も図面の1つとみなされるので注意する。

　そこで、本番で時間切れになり、未完成とならないためには、5時間の時間配分を覚え、決められた時間で図面を描きあげるスピードを身につける必要がある。

　「計画の要点等」の記述については、その記述内容と図面表現の不一致は、課題の意図を理解していないと判断されてしまい致命的である。

● 近年の試験当日のタイムスケジュール

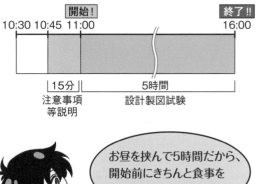

お昼を挟んで5時間だから、開始前にきちんと食事をとらないといけないね!

●RC造・S造課題の場合の目標作図完成時間

【断面図・部分詳細図の場合】

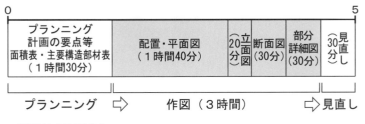

【矩計図の場合】

Point

　設計製図試験では、プランニング（要点記述や面積表等の検討含む）にかけられる時間は約1時間30分、作図には3時間程しかありません。作図するのを躊躇(ちゅうちょ)したり、戸惑っているとあっという間に時間が過ぎてしまい、時間内に完成させることができなくなってしまうでしょう。

　したがって、未完成（＝不合格）とならないためには、本試験までに1枚でも多くの図面を描き、合理的な作図手順・スピードを習得することが大切です。

■（4）試験の形式

　設計製図試験は、2級建築士として設計・工事監理などを行うための能力を1枚の答案図面から評価される。大きく分けて次の2点を総合評価し、合否判定が行われる。

1. 要求図面を正確に表現する製図力

　「要求図面」を所定時間内に、適切な製図表現で正確に作図をする能力。また製図試験の特徴として、採点方法は、おもに減点式で行われているものと思われる。

　これは、加点式とすると個人（採点官）の価値観で大きな差が出るからである。

2. 時間内に、諸条件に従って、建物を設計する計画力

　「設計条件」を正確に理解して、条件にあった計画をする能力。

● 本試験の問題文の形式（例）

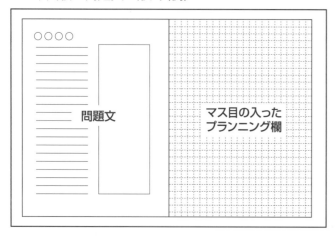

※A2の1枚の用紙の左欄に問題文、右欄にプランニングをするための方眼が入れてある。

● 本試験の答案用紙の形式（2階建課題の例）

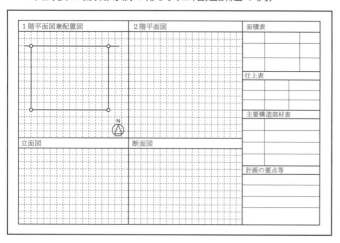

※A2の厚手の用紙で、要求図面の作図位置が指定されている。

　試験では、時間内に、要求条件を満たした図面を、正確に仕上げることが求められます。

競技設計
高度な知識や技能

課題文の条件に従い基本的な計画でOK!

競技設計などのようにデザインの優劣や独創性、個人的な趣向、主張などが重視されることは、まずない。

　試験の概要を知る上で、出題形式の全体像をつかんでおきましょう。

　なお、答案用紙は敷地境界線、道路境界線および方位だけを鉛筆でなぞればいいです。

※平成24年から実施の試験内容の見直しにより、設計意図等を記述する「計画の要点等」の要求があります。

（記述のボリュームは100〜200字程度）

● 3階建課題の答案用紙の形式例

1階平面兼配置	2階平面	3階平面	面積仕上主要構造部材要点
立　面		断　面	

■ （5）問題文の形式例

　試験の問題文は、例年以下のような形式で出題され、要求事項が箇条書きで列記されている。

　問題文を読み進める上で、どのようなことに気をつけたらよいかを、ここでは理解しよう。

令和３年設計課題
「歯科診療所併用住宅（鉄筋コンクリート造）」

１．設計条件

地方都市の市街地に歯科診療所併用住宅を計画する。
計画に当たっては、次の①及び②に特に留意する。
①診療所部分と住宅部分とは、出入口を明確に分離し、屋内の１階部分で直接行き来できるようにする。
②診療所部分の各要求室について、適切な配置計画及び動線計画とする。

　計画する建築物の概要であり、課題の特徴となる条件。

　実務で言えば、「建築主の要望」と同じく、一切変更することができない、非常に重要な記述で、違反すれば、即大減点や失格につながる。

　特に、「(5) 要求室等」や「(7) 外構」で、より具体的な条件が指定されるので、同時にチェックしなければならない。

（1）敷地

　ア．形状、高低差、道路との関係、方位等は、下に示す敷地図のとおりである。
　　　敷地には、南側から北側に向かって緩やかな上り勾配がある。なお、建築物の計画に当たっては、盛土・切土により敷地全体を平坦にしてはならない。
　イ．この課題においては、道路境界線の部分をG.L.とし、±０mmとする。
　ウ．近隣商業地域内にあり、準防火地域に指定されている。なお、都市計画において定められた建蔽率の限度は80％、容積率の限度は300％である。
　エ．地盤は良好である。
　オ．電気、都市ガス、上水道及び公共下水道は完備している。
　カ．敷地の周囲には、防火上有効な空地、耐火構造の壁等はない。

　敷地についての諸条件（敷地形状、高低差の有無、道路との関係など）が記載される。
・「道路及び敷地との高低差がある場合」は、スロープや階段による段差の処理に注意する必要がある。
・「用途地域、防火・準防火、建蔽率・容積率の限度」などについては、計画上ほとんど影響はない。
・「地盤は良好」ということで、300kN／㎡（30ｔ／㎡）程度の地耐力を想定し、基礎の設計をすればよい。

（2）構造、階数、建築物の高さ等

　ア．鉄筋コンクリート造３階建てとする。
　イ．建築物の最高の高さは10m以下、かつ、軒の高さは９m以下とする。
　ウ．建築物の外壁面及び柱面は、隣地境界線から500mm以上離す。
　エ．塔屋（ペントハウス）は、設けない。

（3）延べ面積等

　ア．延べ面積は、「240㎡以上、300㎡以下」とする。
　イ．ピロティ、玄関ポーチ、バルコニー、駐車スペース、駐輪スペース等は、床面積に算入しない。ただし、エレベーターシャフトについては、床面積に算入する。

・構造・階数違反は、即失格。
・指定された延べ面積の範囲外は即失格。
・床面積の算入、不算入部分の指示は、実務とは必ずしも同じではないので、間違わないように注意する。

（4）人員構成等

　ア．診療所部分：院長（歯科医師）、従業員３名（歯科衛生士２名、事務員１名）
　イ．住宅部分：夫婦（夫が診療所の院長）、子供１人（中学生）

　建築物を使用する家族構成や、人員構成により、居室等の数や配置、構成員の動線計画に影響する。

（5）要求室等

下表の全ての室等は、指定された設置階に計画する。

部門	設置階	室 名 等	特 記 事 項
診療所部分	1階	待 合 室	ア．洗面コーナーを設ける。 イ．ソファー（計4席以上）を設ける。
		受付・事務室	・受付カウンターを設ける。
		診 療 室	ア．歯科診療台設置スペース（2,100mm×2,100mm） 　　2台分を設ける。 イ．消毒コーナーを設ける。
		X 線 室	・広さは、心々1,500mm×1,500mm以上とする。
		技 工 室	ア．作業机を設ける。 イ．広さは、心々1,500mm×1,500mm以上とする。
		休 憩 室	ア．従業員の更衣・休憩等に使用する。 イ．テーブル、椅子及びロッカーを設ける。
		院 長 室 兼 応 接 室	・机、テーブル及び椅子を設ける。
		倉 庫	
		従業員用便所	・従業員のほか、院長も使用する。
		患者用便所	
住宅部分	1階	玄関ホール	・下足入れを設ける。
	2階	L D K	ア．1室にまとめる。 イ．テーブル及び椅子を設ける。
		納 戸（A）	
		浴 室	
		洗面脱衣室	
		便 所（A）	
		バルコニー	・設置場所は適宜とする。
	3階	親夫婦寝室	・洋室とし、ベッド（計2台）及びウォークイン 　クロゼット（3㎡以上）を設ける。
		子 ど も 室	・洋室とし、ベッド、机及び収納を設ける。
		納 戸（B）	
		洗面コーナー	
		便 所（B）	
		バルコニー	・設置場所は適宜とする。
	2階 又は 3階	書 斎（A）	・夫用とし、机及び椅子を設ける。
		書 斎（B）	・妻用とし、机及び椅子を設ける。

（注1）各要求室においては、床面積・広さの指定がない場合、床面積は適宜とする。
（注2）診療所部分においては、全て下足とする。
（注3）住宅部分の竪穴部分（階段、エレベーターシャフト及び吹抜け）は所定の防火設備を用いて区画する。また、外壁の開口部で延焼のおそれのある部分には所定の防火設備を設ける。

（6）階段、エレベーター及びスロープ

ア．住宅部分には、1階から3階まで通ずる直通階段を設ける。
イ．住宅部分には、住宅用エレベーター1基（1階から3階の各階に着床）を設ける。
　・エレベーターシャフトは、心々1,500mm×1,500mm以上とする。
　・駆動装置は、エレベーターシャフト内に納まるものとし、機械室は設けなくてよい。
　・出入口の幅の内法は、800mm以上とする。
ウ．敷地内の通路の計画において高低差が生じる場合は、屋外スロープ（勾配は1/15以下）を設ける。

要求室の室名、設置階、用途、床面積等の他、配置や連絡に関する条件が指定される。
◆主要室の設置階違反や欠落は、即失格。
◆特記事項では、次の点に特に注意する。
　・「○○部分」などゾーニング・動線の指定
　・室面積の指定、収納の有無
　・天井高さや吹抜けの指定は、大減点項目で、階高や建築物の規模想定に影響するので、特に注意が必要
　・室と室又は室と屋外施設との連絡条件など（○○室と○○は「直接行き来」又は「隣接させる」など）
　・便所などの寸法（大きさ）指定。
　・家具や設備機器などの記入の指定など。

◆階段、エレベーターの条件
　・階段の指定に注意する。
　・エレベーターは、指定された「エレベーターシャフトの寸法以上」、「出入口の幅の寸法以上」で計画しなければならない。特に未計画は即失格となる。
◆スロープの計画
　・スロープの勾配は指定される場合が多いので、特に1階の床高さに注意する。勾配が1/15のスロープであれば、1階床高さが10㎝であっても、1.5mの長さが必要となる。
　幅は、車椅子の使用を考慮して、1.5m程度で計画すれば問題ない。

（7）外構

ア．駐車スペースは、2台分（患者用1台、住宅用1台）を設ける。
イ．駐輪スペースは、5台分（患者用3台、住宅用2台）を設ける。
ウ．駐車スペース及び駐輪スペースは、ピロティとして計画してはならない。
エ．塀・植栽を設ける。

> 敷地の利用計画上、大きなヒントにもなるので、初期の計画段階で見落としてはならない。
>
> ◆屋外テラスなどの未計画は即失格となる場合が多く、要求室との連絡条件は合否を分ける大減点項目となる。
>
> ◆駐車スペースは1台当たり2.5ｍ×5ｍでよいが、車椅子使用者用の場合は3.5ｍ×5ｍとする。
>
> ◆駐輪スペースは1台当たり0.5ｍ×2ｍ程度で計画する。

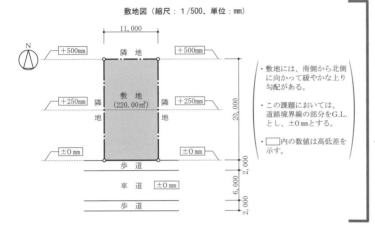

敷地図（縮尺：1/500、単位：mm）

・敷地には、南側から北側に向かって緩やかな上り勾配がある。
・この課題においては、道路境界線の部分をG.L.とし、±0mとする。
・□内の数値は高低差を示す。

> 敷地の形状・寸法と道路・周辺環境の関係。
> ・道路や周辺施設（公園など）からのアプローチの条件。
> ・「屋外スペース」や「主要室」の配置がほぼ限定される。
>
> 〔建築を制限する特殊条件〕
> ・課題によっては、「斜線で敷地内の建築物を計画してはいけない部分の指定」や、「保存樹木」などによる壁面や軒の出の制限が設定される場合もある。これに違反すると大減点、あるいは失格となるので注意。

2．要求図書

a．下表により、答案用紙の定められた枠内に記入する。（寸法線は、枠外にはみだして記入してもよい。）
b．図面は黒鉛筆仕上げとする。（定規を用いなくてもよい。）
c．記入寸法の単位は、mmとする。なお、答案用紙の1目盛は、5mmである。
d．シックハウス対策のための機械換気設備等は、記入しなくてよい。

> a．寸法線は、枠外にはみだしてもよい。
> c．答案用紙の目盛についての記述で、縮尺が1/100で、1目盛500mm（0.5m）を表す。ただし、矩計図や断面詳細図などの場合は、縮尺・目盛が異なる場合があるので注意する。
> ※例年、課題の発表時点で、この答案用紙の方眼が事前に公表される。
> d．シックハウス対策の機械換気設備は、記入する必要はない。ただし、台所・厨房の局所換気扇は表記する。

要求図書 （　）内は縮尺	特　記　事　項
(1)1階平面図兼配置図 （1/100） (2)2階平面図 （1/100） (3)3階平面図 （1/100）	ア．1階平面図兼配置図、2階平面図及び3階平面図には、次のものを記入する。 ・建築物の主要な寸法 ・室名等 ・延焼のおそれのある部分の範囲（延焼ラインを破線にて明記し、そこから隣地境界線までの距離を記入） ・防火設備が必要な部分に防と明記 ・断面図の切断位置及び方向 イ．1階平面図兼配置図には、次のものを記入する。 ・敷地境界線と建築物との距離 ・診療所部分の待合室及び住宅部分の玄関ホールにおけるG.L.からの高さ ・道路から建築物へのアプローチ、屋外スロープ（高低差が生じる場合）、駐車スペース、駐輪スペース、塀・植栽 ・「道路から敷地」及び「建築物」の出入口には、▲印を付ける。 ・部分詳細図（断面）の切断位置及び方向 ・待合室の洗面コーナー…洗面器 ・待合室…ソファー ・受付・事務室…受付カウンター ・診療室…歯科診療台設置スペース（破線で記入） ・診療室の消毒コーナー…洗面器 ・技工室…作業机 ・休憩室…テーブル、椅子及びロッカー ・院長室兼応接室…机、テーブル及び椅子 ・従業員用便所及び患者用便所…洋式便器 ・住宅部分の玄関ホール…下足入れ

> 計画・表現する事項は、課題により異なるので、注意が必要。
> ・延焼のおそれのある部分の範囲・防火設備など。
> ・計画及び表現すべき設備機器及び家具など。
> ※各室、各部ごとに指定されるものには注意。

(1)1階平面図 兼 配 置 図 (1/100) (2)2階平面図 (1/100) (3)3階平面図 (1/100)	ウ．2階平面図には、次のものを記入する。 ・1階の屋根伏図(1階の屋根がある場合) ・部分詳細図(断面)の切断位置及び方向 ・LDK… テーブル、椅子、台所設備機器(流し台・ 調理台・コンロ台・冷蔵庫等) ・浴室…浴槽 ・洗面脱衣室…洗面器、洗濯機 ・便所(A)…洋式便器 エ．3階平面図には、次のものを記入する。 ・2階の屋根伏図(2階の屋根がある場合) ・夫婦寝室…ベッド ・子ども室…ベッド、机 ・洗面コーナー…洗面器 ・便所(B)…洋式便器 オ．2階平面図又は3階平面図には、次のものを記入 する。 ・書斎(A)及び書斎(B)…机及び椅子
(4) 立 面 図 (1/100)	・南側立面図とする。
(5) 断 面 図 (1/100)	ア．切断位置は、南北方向とし、1階の診療室、2階 及び3階を含む部分とする。 イ．建築物の外形、床面及び天井面の形状がわかる程 度のものとし、構造部材(梁、スラブ、地中梁等) を記入する。 ウ．建築物の最高の高さ、軒高、階高、天井高、1階床高、 開口部の内法寸法及び主要な室名を記入する。 エ．見え掛かりの開口部、階段等(室の対向面に見える もの)は記入しなくてよい。
(6)部分詳細図(断面) (1/20)	ア．切断位置は、2階のバルコニーの出入口を含む部 分とする。 イ．作図の範囲は、以下の部分を含むものとする。 水平方向：「バルコニーの出入口」から「バルコニー の手すり壁」 垂直方向：「バルコニーの手すり壁の天端」から「1 階の天井仕上面より下方400mm」 なお、部分詳細図(断面)として支障のない程度で あれば、水平方向及び垂直方向の作図上の省略は、 行ってもよいものとする。 ウ．主要部の寸法等を記入する。 エ．主要部材の名称・断面寸法を記入する。 オ．外気に接する部分(外壁、その他必要と思われる部 分)の断熱・防水措置を記入する。 カ．主要な部位(外壁、内壁、1階天井及び2階床)の 仕上材料名を記入する。
(7) 面 積 表	ア．建築面積、床面積及び延べ面積を記入する。 イ．建築面積及び床面積については、計算式も記入する。 ウ．面積の数値は、小数点以下第2位までとし、第3 位以下は切り捨てる。
(8)計画の要点等	・建築物及び敷地の計画に関する次の①～③について、 具体的に記述する。 ①診療所部分の計画について、工夫した点 ②住宅部分の計画について、工夫した点 ③建築物の配置計画において、配慮した点

・屋根伏図の未表現は、大減点。

・指定された側面以外は、大減点。

・「○○方向」、「○○室の開口部を含む」など切断位置が指定される。切断位置の違反は大減点。

指定された部位・部分等を表現する。
・外形、床面及び天井面の断面線
・梁、スラブ、地中梁、基礎等の構造部材
・最高高さ、軒高、階高、天井高、1階床高、開口部の内法寸法、主要室名

作図の範囲指定は必ず確認する。

面積だけでなく、計算式も要求されるので、寸法表示は面積計算できるように入れておく。
各階床面積とも、小数点以下第2位で計算し、合算したものを延べ面積とする。

計画の要点等は、記述内容、文字数などに注意する。
特に、図面との整合性に注意する。

■（6）合否判定基準について

設計製図試験の合否判定基準は、採点結果に応じて、例年Ⅰ～Ⅳの4つのランクに分けられ、このうち『ランクⅠ』のみが合格となる。

実際の試験での採点基準、採点のポイントをここでは理解しよう。

● 平成26～30年 ・ 令和元年～5年　合否判定結果の内訳

年	ランクⅠ	ランクⅡ	ランクⅢ	ランクⅣ
26年	55.3%	13.5%	23.1%	8.1%
27年	54.0%	14.1%	25.1%	6.8%
28年	53.1%	16.3%	18.1%	12.5%
29年	53.2%	15.1%	25.4%	6.3%
30年	54.9%	14.5%	24.2%	6.4%
令和元年	46.3%	12.5%	30.1%	11.1%
2年	53.1%	6.9%	32.6%	7.4%
3年	48.6%	7.7%	31.9%	11.8%
4年	52.5%	7.7%	30.7%	9.1%
5年	49.9%	5.7%	37.9%	6.5%

ランクⅠ	知識及び技能を有するもの
ランクⅡ	知識及び技能が不足しているもの
ランクⅢ	知識及び技能が著しく不足しているもの
ランクⅣ	設計条件 ・ 要求図書に対する重大な不適合に該当するもの

不合格の中にもランクが3つあるんだね

※「知識及び技能」とは、2級建築士として備えるべき「建築物の設計に必要な基本的かつ総括的な知識及び技能」をいう。

ランクⅡ～Ⅳの受験者の不合格要因として、下記の点が考えられる。

◆ランクⅡ： 減点項目の積み重ねで合格点が不足、または総体評価上の欠陥があった
◆ランクⅢ： 設計条件並びに基本計画 ・ 構造計画に違反する大きな減点を受けた
◆ランクⅣ： 図面の未完成または失格項目に該当

ランクⅡは、ボーダーライン上の答案判定になるので、図面の表現力が合否を分けることが多い。

また、ランクⅢは、失格要件には該当しないまでも、課題の特色（大きな設計条件）に反するか、または図面上大きな欠陥があり、採点結果が下位に属するものと考えられる。

採点のポイントがどこにあるのかは、公表された実際の合否判定基準から理解しておく必要がある。

合格するためには、まずは、ランクⅢ ・ Ⅳ、すなわち「大きな違反をしない」、「図面の未完成とならない」ことが最低条件である。

更には図面の伝達力や表現力も合格のための重要な条件であることを知っておこう。

相手に伝える力、つまり、表現力のある作図力が大切なんだ!

29

●令和３年　合否判定基準

　２級建築士試験「設計製図の試験」は、「与えられた内容及び条件を充たす建築物を計画し、設計する知識及び技能について設計図書の作成を求めて行う。」ものであり、その合否判定における令和３年試験の「採点のポイント」、「採点結果の区分」及び「合格基準」は、次のとおりである。

設計課題	「歯科診療所併用住宅(鉄筋コンクリート造) 」
採点のポイント	（１）設計課題の特色に応じた計画 　　　①診療所部分と住宅部分との相互の動線計画 　　　②防火区画等 （２）計画一般（敷地の有効利用、配置計画、動線計画、設備計画、各室の計画等） （３）構造に対する理解 （４）断面構成に関する知識 （５）要求図書の表現 （６）設計条件・要求図書に対する重大な不適合 　　　①鉄筋コンクリート造３階建てでないもの 　　　②要求図書のうち図面が１面以上未完成 　　　③図面相互の重大な不整合（上下階の不整合等） 　　　④延べ面積が、「240 ㎡以上、300 ㎡以下」に適合していないもの 　　　⑤要求室のうち、次のいずれかの室が欠落又は設置階が違っているもの 　　　　　診療所部分：待合室、診療室、Ｘ線室、技工室 　　　　　住宅部分　１階：玄関ホール 　　　　　　　　　　　２階：ＬＤＫ 　　　　　　　　　　　３階：夫婦寝室、子ども室 　　　⑥著しく非常識な計画（階段、エレベーターの欠落等）
採点結果の区分	○採点結果については、ランクⅠ、Ⅱ、Ⅲ、Ⅳの４段階区分とする。 　ランクⅠ：「知識及び技能」※を有するもの 　ランクⅡ：「知識及び技能」が不足しているもの 　ランクⅢ：「知識及び技能」が著しく不足しているもの 　ランクⅣ：設計条件・要求図書に対する重大な不適合に該当するもの 　※「知識及び技能」とは、二級建築士として備えるべき「建築物の設計に必要な基本的か 　　つ総括的な知識及び技能」をいう ○なお、採点の結果、ランクⅠ、Ⅱ、Ⅲ、Ⅳのそれぞれの割合は、次のとおりであった。 　ランクⅠ：48.6%、ランクⅡ：7.7%、ランクⅢ：31.9%、ランクⅣ：11.8% ○解答の傾向 　「未完成」、「設計条件の違反（要求室の欠落、防火区画等の計画が不十分）」、「要求図書に対 　する不備（部分詳細図（断面）の防水措置）」に該当するものが多かった。
合格基準	採点結果における「ランクⅠ」を合格とする。

※令和３年答案例については、「過去の出題例と答案例」を参照して下さい。

（7）試験で要求される図面等について

① 1階平面図兼配置図

配置図は敷地内の建築物の位置や周辺状況などを示す図面。2級建築士の設計製図試験では1階平面図と配置図を兼用する場合が多い。

- 建築物の平面形状、屋外施設などを記入。
- 道路や隣地と、敷地内の建築物の関係を記入。

② 各階平面図

平面図は建築物の各階の間取りを示す図面。

- 各階の床上約1.5mの位置で水平に切断した状態を上から見た図を描く。
- 柱、壁、開口部、床仕上げ、家具、設備機器の形状・種類などを記入する。
- 切断面で表わされる柱・壁などは太線で記入（家具や設備機器などは中線程度とし、区別すること）。

③ 立面図

立面図は建築物の外観を示す図面。

- 屋根、外壁、開口部、庇、床下換気口などを記入。
- G.L線は**極太線**で記入。

④ 断面図

断面図は建築物の基準高さや地盤との関係などを示す図面。

- 建築物の主要な部分を垂直に切断した状態を描く。
- 切断面で表わされる床・壁・天井・屋根やG.L線などは太線で記入。
- 最高の高さ、軒高、階高、床高、天井高、開口部の内法寸法などを記入。

⑤ 矩計図・部分詳細図（断面）

矩計図は建築物の基準高さ、部材の大きさ、各部の構造・材料・仕上げ方法などを詳細に示す図面。また、部分詳細図（断面）は、その一部を描く図面。

- 切断面で表わされる基礎・床・壁・屋根・開口部の構造材、補助構造材やG.L線などは太線で記入。

⑥ 床伏図兼小屋伏図

平面において仕上げ材を除いた、構造的な仕組みを示す図面。2階床伏図は2階の床組を真上から見た図。1階小屋伏図は1階の小屋組を真上から見た図。

⑦ 面積表等

面積表（建築面積、各階床面積、延べ面積等）、仕上表（仕上・下地材料名等）、主要構造部材表（柱・梁・外壁等の断面寸法、厚さ等）などを要求に従い記入。

⑧ 計画の要点等

計画の要点等（工夫した事項や設計意図）などを要求に従い記入。

Point

2級建築士の設計製図試験で要求される図種は、例年、課題発表時に示される。

注意

切断面は強く濃く、太線で描く

窓

Point

平面図

立面図

断面図

矩計図 部分詳細図

② 学習の進め方

┃（1）受験対策

設計製図の学習を進めるに当たって、まずは基礎力を養成する必要がある。以下に、その基礎力をつけるための「学習フロー」を示す。

できるだけ多くの
作図練習を行う

一式図

試験日まで

STEP 1　ト レ ー ス

過去の本試験課題を基に、答案例を見ながら作図練習を行う。設計製図試験としての作図表現、図面の意味を覚えることを目的とし、図面相互の関係を確認することも大切である。

⇩

STEP 2　製　　　　図

答案例を一旦、単線のエスキスプランとして写し取り、それを見ながら要求図面を時間内に完成できるようにする。ここでは、各図種毎に目標設定された時間で区切って、作図練習を行うとよい。

● **作図のスピードアップを目的とする。**

⇩

STEP 3　プランニング

各課題の問題から設計条件を理解し、平面計画をまとめられるようにする。

⇩

STEP 4　自己チェック

作図力および計画力とともに、課題条件を見落とさない、自己チェック能力を身につける。

Point

効率よく学習するためには、苦手な図種または部分に的を絞って練習することも1つの方法です。

　例えば…

① 平面図に時間がかかる人

　⇨ 平面図だけを何枚も練習！

② 平面図の中でも開口部の描き方がうまくいかない人

　⇨ 開口部だけを何度も練習！

苦手部分を克服して、図面の時間内完成を目指しましょう！

┃（2）具体的な課題対策

設計製図試験までは、わずかな期間しかない。この間に、課題についての調査、研究、練習などをしなければならない。課題から予想される要求室を想定し、構造的にも合理的なプランニング手法を理解し、できるだけ多くの作図練習を心がける必要がある。

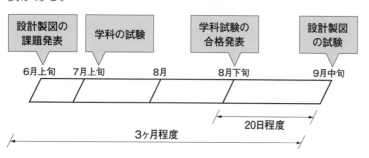

（3）合格するためには

　合格するためには、不合格の原因を除去することが最低の条件となる。そして、それを理解しておくことが合格への近道である。では、不合格の原因とはどんなことであろうか？

不合格の原因

①図面の未完成！
- プランニングがまとまらない
- 作図に時間がかかった
- 作図途中でのプラン修正　など

②図面は完成したが、要求図書等に不備がある場合
- 氏名、受験番号の記入漏れ
- 要求面積の不足、超過（ボリューム算定ミス）
- 図面の作図位置の間違い（不注意）
- 主要室の欠落または設置階の違反（チェック不足）
- 不正確な表現（構造の理解不足）
- 図面相互の矛盾（不整合な図面）
- 要求条件の見落とし（読み落し）
- プランニングに時間がかかり、十分にプランをまとめきれずに途中段階で作図をはじめた（見切発車）

まだ
できてない
よぉ〜

　上記の不合格要因を理解し、普段から意識しながら学習を進めてほしい。

プランニングが
まとまらない
よぉ〜

合格するための対策

①所定の時間内で一式図を完成できる「作図力を修得」する
②問題文のポイントを的確に読み取る「読解力を修得」するとともに、自分の計画案と「問題文の照合チェックの習慣」を身につける
③設計条件を満足させる（欠点の少ない）「プランニング力を修得」する
④適切な架構計画（矩計図、伏図など）を行うための「構造に関する知識を理解」する
⑤設計意図を採点者に正確に伝える「文章力を修得」する

完成！

ヤッター

試験当日に実力を発揮するためには、普段からの訓練が必要だよ！　がんばろう！

第4章

製図の要点

① 製図用具の準備

製図の試験を受ける上で最低限、必要な製図用具を紹介する。

① 平行定規

- 平行定規は、製図板に水平線を引くための定規のみが付いているものに限る。

- 製図板は大きさが45㎝×60㎝程度（Ａ２用）のものまでとする（平行定規の装着部分を含めた大きさは、製図板の１割程度大きいものまでとする）。なお、製図板を手前側に傾斜をつけるための傾斜（まくら）の使用は可能である。

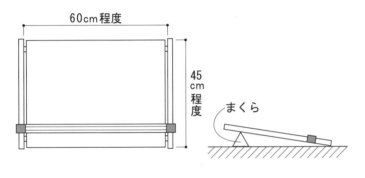

以下のような製図板は使用が認められません。

- ●垂直線または角度線を引くための定規が装着されているもの

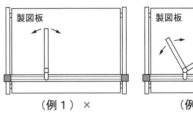

② 型板（テンプレート）

円、だ円、正三角形、正方形および文字を描くためのもの。

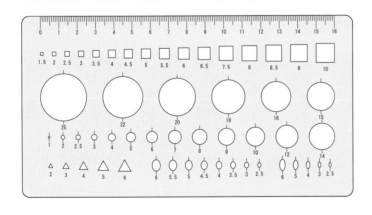

- ●使用が認められないもの

家具・衛生機器・建築部位、建築設備などを描くためのテンプレート

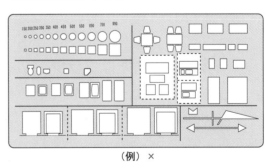

（例）×

③ 勾配定規あるいは三角定規

三角定規は、大小それぞれ用意しておくとよい。

また勾配定規は、屋根勾配を描く際に使用する。

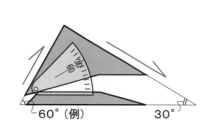

60°（例）　　30°

勾配定規は、あらゆる角度の直線が引けるだけでなく、三角定規の用途（垂直線を引く）も兼ねることができます。

④ 三角スケール

寸法をとる時、スピードアップを図るためにマス目を利用するが、1／20や1／30、1／50の図面を描く際には、やはり必要になる。

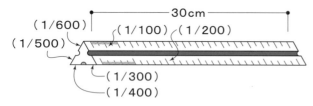

（1/600）
（1/500）
30cm
（1/100）　（1/200）
（1/300）
（1/400）

1面で2通り、全6通りのスケールがついている。
ものさしでは換算しにくい1/30などには適する。

以下のものは試験会場に持ち込みできないので注意しましょう！
- ソロバン
- メモ用紙
- トレーシングペーパー
- 問題用紙つり器具

また携帯電話などは他人の迷惑になるので、電源を切り、指定の袋に入れて保管しましょう！

⑤ 字消し板

ステンレス製のものがよい。

部分的に消したい場合に便利。

⑥ 羽ぼうき、またはブラシ

消しゴムのカスを払う際に使用。小型のものが良い。

また、作図途中で何度か図面を掃うことにより鉛筆の粉で図面が黒く汚れることを防ぐことができる。

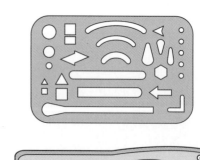
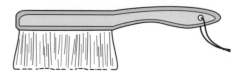

⑦　製図用シャープペンシル、または鉛筆

　一般的には0.5mm芯のシャープペンシルを多用する。他にも作図線の強弱をつけるために0.7mmなどを使うと表現にメリハリがついて便利である。試験会場には、壊れることも考慮し、予備を必ず持参すること。

　また、芯の濃さは、できるだけ濃いもの（B以上）を使う。

⑧　消しゴム

　通常の消しゴムで構わない。

　棒状の消しゴムもあると細かい箇所を消す際に便利。

⑨　ドラフティングテープ、マグネットテープ

　答案用紙を製図板に固定するもの。

⑩　電　卓

　プログラム機能がなく、小型で音のしないものが使用可。

⑪　その他

　問題チェック用の蛍光ペン、赤鉛筆、傾斜できない製図板には傾斜用のまくらなどがあるとよい。

　また、試験当日、試験会場には、受験票を忘れずに持っていくこと！

Point

　本試験の答案用紙には、厚紙が使われていますが、硬い鉛筆を使うと修正時に紙がけばだち、破れてしまいます。

Point

　製図用具については、個人の好みなどもあるので、各自いろいろ試して自分に最適なものを見つけましょう！

❷ 作図の基礎

（1）線の引き方

線を引く時は、定規をしっかり固定して描くこと。

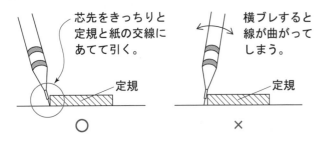

また、時間内に図面を描く上で、作図の流れに少しでもムダをなくすことが大切である。そのためには、描き順、作図の段階を誤らないことである。

ムダのない作図方法として、

① 水平線は平行定規の上側を使って、左から右へ引く。

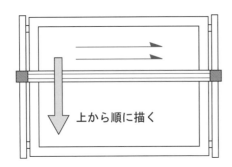

② 垂直線は三角定規の左側を使って、下から上へ引く。

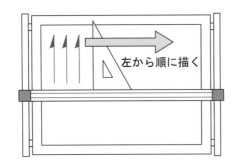

③ 斜めの線は、三角定規を使って左下から右上へ引く。また、左上から右下に向かって引く。

ただし、製図板の右端では三角定規が乗らないので、右面を使うこともあります。

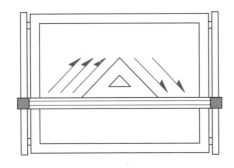

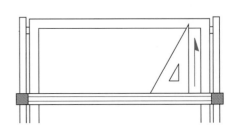

（2）線の種類と使い分け

●線の種類と太さ

　2級建築士の設計製図試験では、作図上の線の太さの選択は特に規定はしていない。ただし、以下の線種は作図上よく使う最低限必要なものなので、線の意味をよく理解して、描けるようにしておこう。

⓪　仮線（細線）　————————

①　実線　┬　a. 太線　━━━━━━

　　　　　└　b. 中線　————————

②　破線　— — — — — — — ┐

③　一点鎖線　—·—·—·—·　├ 濃さは中線と同じ

④　二点鎖線　—··—··—··　│

⑤　破断線　———／╲———┘

※一般的な製図規約では、線の太さは太線、中線、細線に分かれるが、設計製図試験では太線と中線の2種類で描き分けるものとする。

●各線種の使い方

⓪下描き

①−a 輪郭線、断面線

①−b 外形線、寸法線、引出し線など

②かくれ線

③中心線、立面図筋かい線など、隣地境界線は太い一点鎖線。

④シャッターの記入線など

⑤部分切断位置（平面図階段などに使用）

※ただし課題により特記事項などに線種が指定された場合は、それに従いましょう。

輪郭線、断面線をできる限り強く濃い太線で引くことで、メリハリのある図面を描くことができます。

何度も練習して、正しい線の描き方をマスターしましょう。

●線の描き方

<table>
<tr><th colspan="5">線の良し悪しの例</th></tr>
<tr><th></th><th colspan="2">○</th><th colspan="2">×</th></tr>
<tr><td>実　線</td><td>————</td><td>線の太さが均一である</td><td>━━━</td><td>線の濃さ、太さが均一でない</td></tr>
<tr><td>実線の交わり</td><td>┼</td><td>線がきちんと交わっている</td><td>┐</td><td>線が交わっていない</td></tr>
<tr><td>破　線</td><td>— — — — —</td><td>線と線のアキが均一である</td><td>— — — —</td><td>線の長さとアキがそろっていない</td></tr>
<tr><td>一点鎖線</td><td>—·—·—·</td><td>点と線のアキがそろっている</td><td>—· —·—</td><td>点と線の長さが不揃い</td></tr>
</table>

第4章

製図の要点

（3）寸法線・寸法の数値の記入

① 寸法線の記入の仕方（※最低限2方向に記入）

- 境界線から建物までの距離が分かるように、建物の最外部分と境界線の寸法線を、最も外側に記入する。

- 建物の建築面積、床面積が計算できるように、建物の外形（凹凸部分）の寸法線を、内側に記入する（必要最低限の寸法線）。

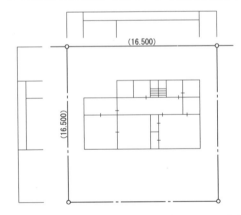

- 建物内部の間仕切り壁の間隔の寸法線を、更に内側に記入する。さらに玉止めを描き、寸法線のほぼ中央に数値（文字）を記入する。

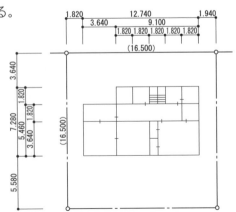

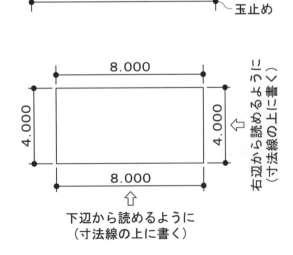

（4）作図表現上の決まり

図面の表現には一定のルールがある。図面の縮尺によって、何をどこまで描くか、目安がある。

以下のものは、作図を進める上で必要な知識であるので、表記された縮尺と合わせて、しっかり覚えておこう。

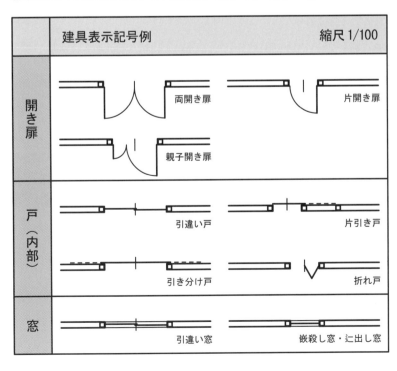

	縮尺 1/100	縮尺 1/20
木造 大壁	管柱　通し柱	外壁材／石膏ボードなど
木造 真壁		石膏ボードなど
鉄筋コンクリート造	柱	外壁仕上／石膏ボードなど
一般壁（軽鉄または木下地）		石膏ボードなど

	部材表示記号例	縮尺 1/20
平面・断面共通	木構造部材　補助構造材　構造材　化粧材	コンクリート・鉄筋コンクリート／軽量壁（ALC板）／断熱材
断面でのみ使用		たたみ／割栗（クラッシャラン）／地盤（客土）

	建具表示記号例	縮尺 1/100
開き扉	両開き扉　片開き扉　親子開き扉	
戸（内部）	引違い戸　片引き戸　引き分け戸　折れ戸	
窓	引違い窓　嵌殺し窓・辷り出し窓	

Point

●表現例

・化粧材　：詳細図における、窓の額縁、巾木、
　　　　　　廻り縁など

・構造材　：詳細図における、梁、軒桁、母屋、
　　　　　　胴差、土台など

・補助構造材　：詳細図における、根太、窓の
　　　　　　　　下地枠、野縁など

※断面の外形線は、強く濃く、太線で描き、
　メリハリをつけましょう。

●鉄筋コンクリート造課題の場合（方眼5mm）

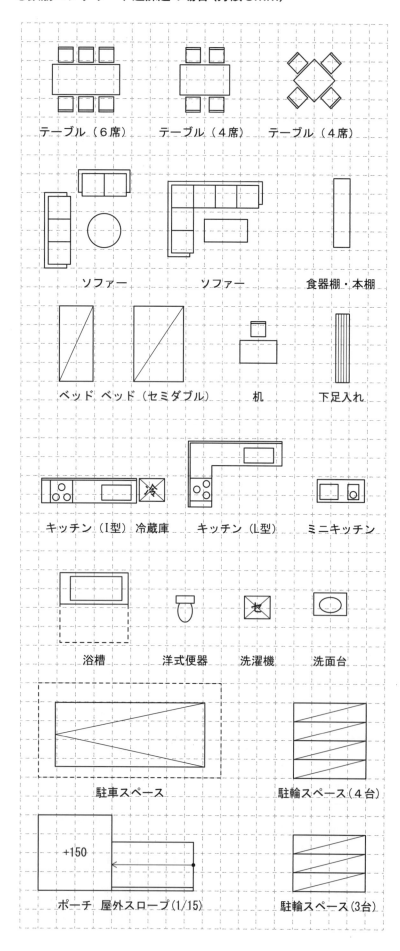

テーブル（6席）　　テーブル（4席）　　テーブル（4席）

ソファー　　　　　ソファー　　　　　食器棚・本棚

ベッド　ベッド（セミダブル）　　机　　　下足入れ

キッチン（I型）冷蔵庫　キッチン（L型）　ミニキッチン

浴槽　　　　洋式便器　　洗濯機　　洗面台

駐車スペース　　　　　　　　　　駐輪スペース（4台）

+150

ポーチ　屋外スロープ（1/15）　　　駐輪スペース（3台）

■（5）文字・数字等について

　図面に記入する文字・数字は、「室名」と「寸法」が主たるものになるが、これらを記入する際には以下のことに留意しよう。

　まず、丁寧に読みやすい文字を書くよう心がけること。試験である以上、採点者が読めることが大前提である。

　また、室名は「問題文に記載された室名」を記入すること。「問題文に記載された室名」と記入した室名が一致しない場合、室名の記入漏れ、場合によっては要求室の欠落と見なされることもあるので、十分に注意すること。
その他、製図上の技術的な注意点については以下に示す。

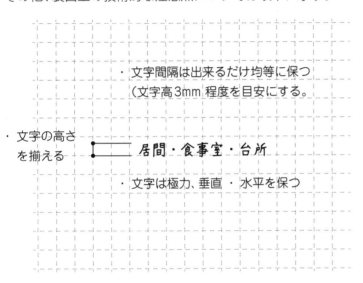

Point

　文字の高さが、なかなかそろわない人は、下図のように最初にうすい補助線を横に引き、その間に、文字を入れるようにしましょう。

■（6）樹木・植栽など

　樹木・植栽の表には様々なものがあるが、その一例を以下に示す。図面の見栄えにも大きく影響するので、しっかり練習しよう。

注意

　印象度を気にして過度に時間のかかる「凝った」植栽を描く必要は全くありません。

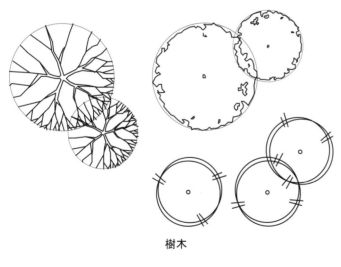

樹木

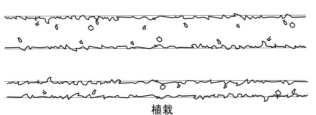

植栽

③ 鉄筋コンクリート造の基本

　鉄筋コンクリート造とは、柱や梁などの主要構造部を鉄筋コンクリートで構成したもので、型枠及び鉄筋を組み立て、そこへコンクリートを打設したものである。ここでは、鉄筋コンクリート造基本課題をもとに、試験に必要な鉄筋コンクリート造の知識を解説する。

　鉄筋コンクリート造の代表的な架構形式としてあげられる、ラーメン構造、壁式構造について、特性、長所・短所を理解しながら、自身がプランニングした建物を、鉄筋コンクリート造で計画するために必要な構造の知識を習得しよう。

　あわせて、建物の床、壁、屋根など各部位の成りたちと構成部材を見ながら、平面図、伏図、部分詳細図などの図面表現と照らし合わせ、何をどのように表現しているのか、理解しながら学習を進めよう。

RC 造

　鉄筋コンクリート造は、RC造とも呼ばれる。RCとはReinforced Concreteの略で、「鉄筋によって補強されたコンクリート」の意味である。

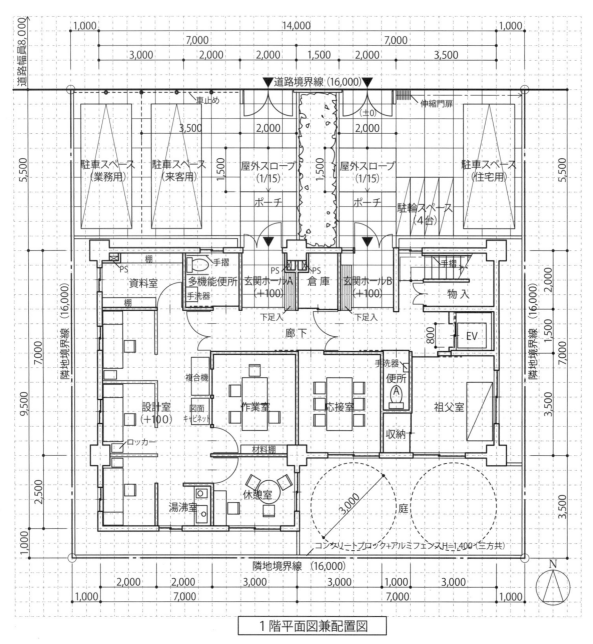

1階平面図兼配置図

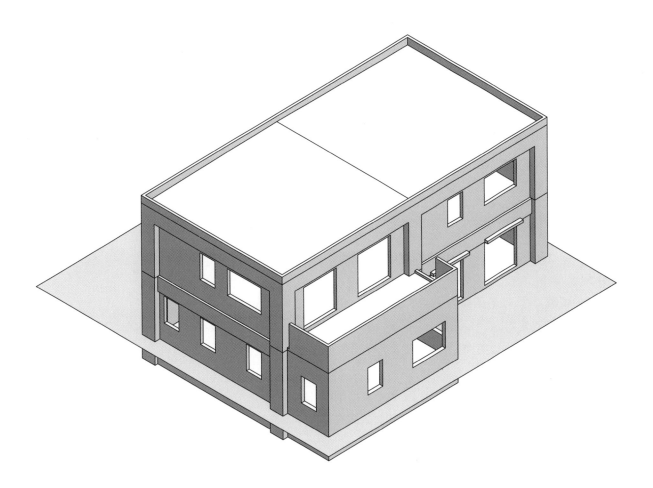

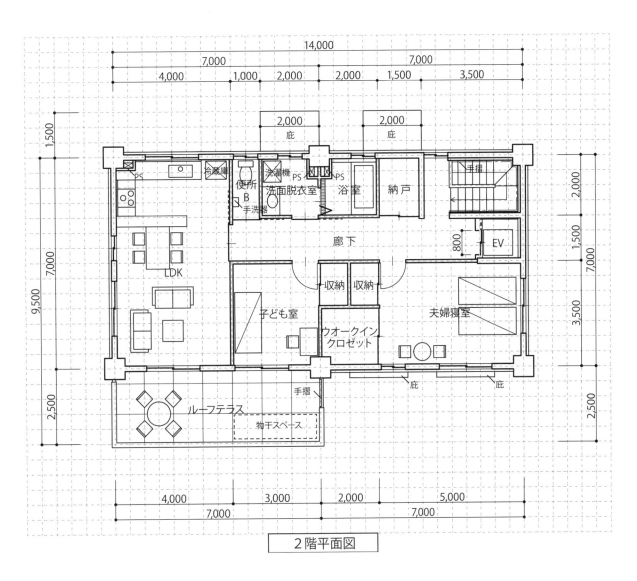

2階平面図

（1）架構の種類

　鉄筋コンクリート造は、架構の違いによっていくつかの構造形式に分けられる。その代表的なものとして、「ラーメン構造」と「壁式構造」があげられるが、端的に言えば、柱・梁で支えるか、壁で支えるかの違いである。

　平成30年の2級建築士設計製図試験までは、構造形式に加えて架構が規定されており、主に「ラーメン構造」による計画が求められた。その架構以外の選択肢はないため、わざわざ他の架構を検討する必要がなかった一方で、必ず「ラーメン構造」にしなければならないために不経済、非現実的な計画になる場合も多かった。

　令和3年の試験では、この架構の規定がなくなり、受験者の判断で架構を選択できた。これによってプランニングの自由度は増した一方、構造、特に架構について、より十分な知識が求められるようになった。

　ここでは、「ラーメン構造」、「壁式構造」それぞれの架構の特性や、長所・短所を学習し、自らの判断で適切な架構を選択できるようにしておこう。

　それぞれの架構について詳しく解説する前に、前ページの基本課題を見てみよう。これはどのような架構になっているかわかるだろうか。

　この建物の2階建て部分には柱があり、南側に突出した平家には柱がない。つまり2階建て部分を「ラーメン構造」、平家部分を「壁式構造」で計画している。あくまでも「問題文に架構に関する規定がないこと」が前提ではあるが、「ラーメン構造」、「壁式構造」それぞれの架構の利点を知っていれば、それを活かした計画ができる。

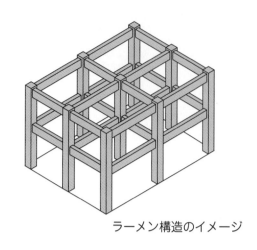

ラーメン構造のイメージ

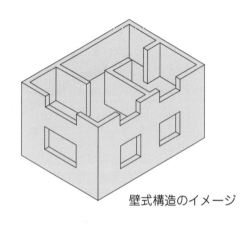

壁式構造のイメージ

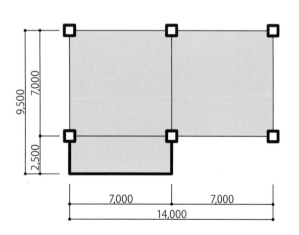

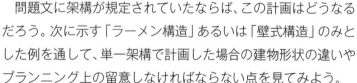

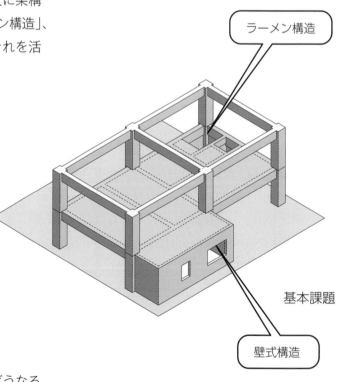

ラーメン構造

壁式構造

基本課題

　問題文に架構が規定されていたならば、この計画はどうなるだろう。次に示す「ラーメン構造」あるいは「壁式構造」のみとした例を通して、単一架構で計画した場合の建物形状の違いやプランニング上の留意しなければならない点を見てみよう。

架構を「ラーメン構造」のみとした場合、次の二案が考えられる。

(A) は、柱、梁によって平面の最大範囲を取囲み、不要な部分の床を除いたもの。柱、梁の部材数が増え、不経済なのに加え、建物中央の柱がプランニングの妨げになることがある。

(B) は、基本課題の平家部分に柱を建てたもの。しかし、3m を下回る間隔で柱を立てるのは不経済である。

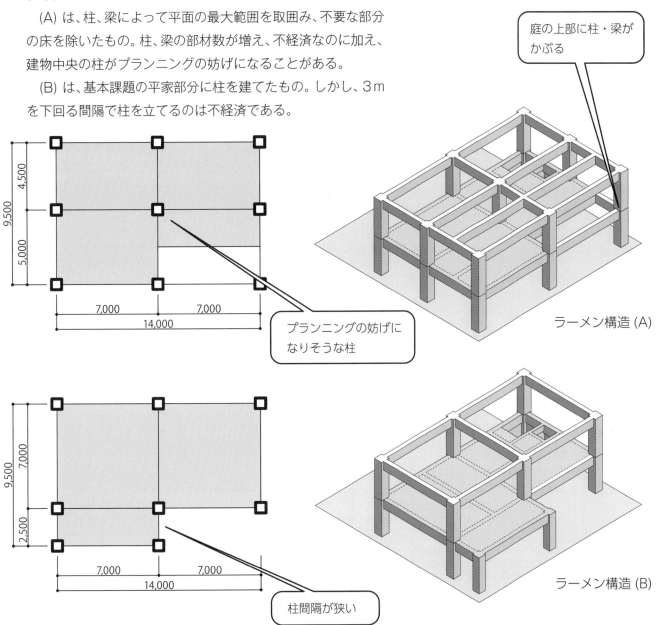

庭の上部に柱・梁がかぶる

プランニングの妨げになりそうな柱

柱間隔が狭い

ラーメン構造 (A)

ラーメン構造 (B)

次に架構を「壁式構造」のみとした例を示す。

東西、南北方向共に必要な量の耐力壁を設け、かつ上下階で耐力壁の位置を、原則一致させなければならないため、プランニングはかなり制約を受ける。

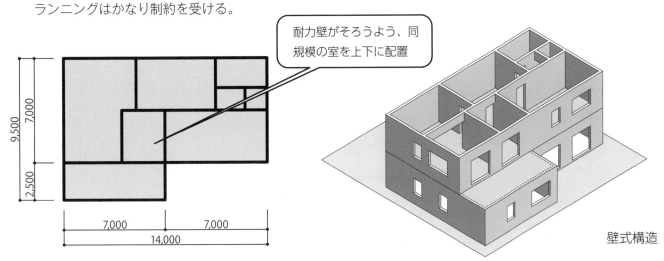

耐力壁がそろうよう、同規模の室を上下に配置

壁式構造

（2）ラーメン構造

ラーメン構造は、柱と梁を剛に接合した、格子状の骨組みなどで躯体を構成するもので、中高層の建築物に採用されることが多い。基本的に柱とそれをつなぐ梁で建物を支えるため、平面計画の自由度が高く、空間を広く使えるのが利点である。一方、柱型、梁型が内部に大きく突出するため、通路、階段の有効幅員や天井高の確保、家具・什器のレイアウトに工夫が必要である。

プランニングを進める上で留意する点として、スパン（柱間隔）による平面形状の制約があげられる。スパンは4〜8m程度が適切であるため、二級建築士試験で出題される敷地の規模では、建物の形状が単純な矩形になる傾向にある。このため、庭や駐車スペースなどの屋外施設に合わせて凹凸がつくような、柔軟な平面計画がしにくい。

> **ラーメン構造**
> ドイツ語の「Rahmen」から取られたもので、「額縁」や「枠」を意味する。

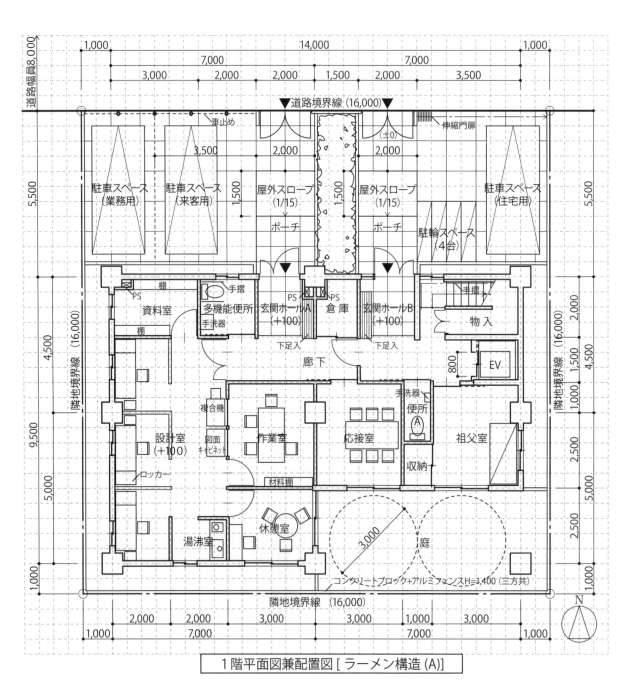

1階平面図兼配置図 [ラーメン構造 (A)]

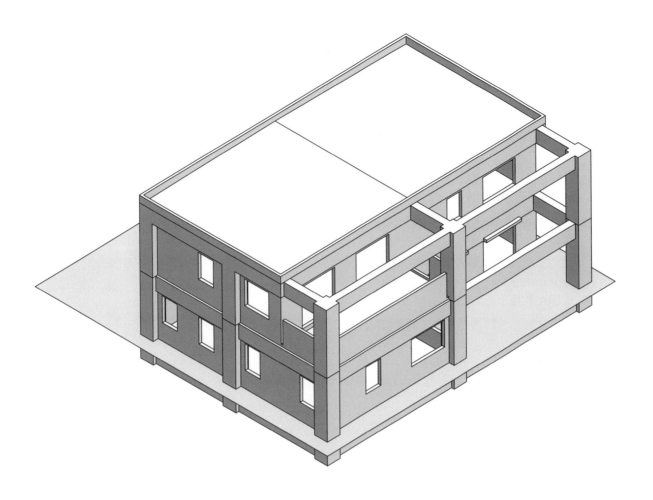

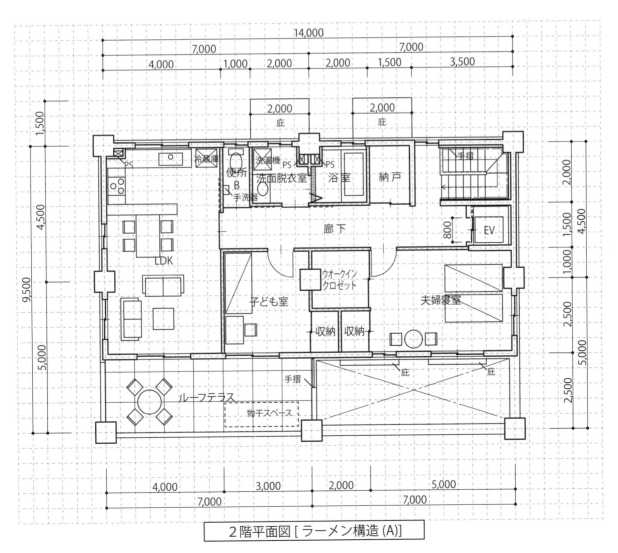

2階平面図 [ラーメン構造 (A)]

① グリッド計画

　ラーメン構造は、柱と梁による格子状の骨組で躯体を構成するものである。この格子1単位をグリッドと呼び、これを組み合わせ、建物の骨格を構築することが、グリッド計画である。

　プランニングでは、計画建物の規模、階数、敷地形状、主要室の面積などを手掛かりに、どんな大きさのグリッドを何単位組み合わせて建物を構築するか、すばやく判断しなくてはならない。

■スパン（柱間隔）

　グリッドの平面的な大きさは、スパン（柱間隔）によって決まる。スパンは **4 ～ 8m** 程度とし、梁間、桁行方向共に均等であることが望ましい。グリッド形状が台形や菱形になるようなスパンは避けること。

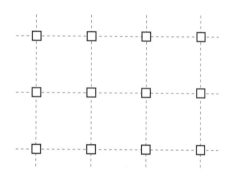

均等な柱の配置例

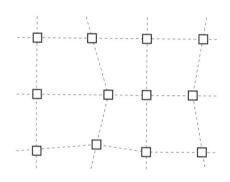

不均等な柱の配置で、グリッドが変形した例

■グリッド

　続いてグリッド1単位の大きさを確認する。ラーメン構造の架構では、柱1本が荷重を負担する床面積を **30 ～ 50㎡** 程度（4本の柱で囲まれたグリッド1単位の床面積を **30 ～ 50㎡** 程度）となるよう計画する。

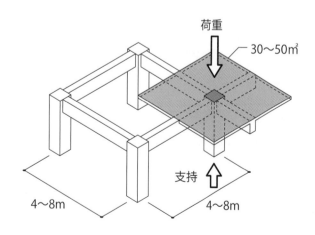

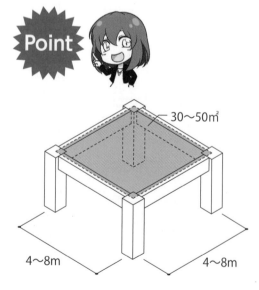

左の絵がわかりにくい場合は、上図のように考えてみましょう。

■基本的なグリッドの例

　以下に基本的なグリッドの例を示す。それぞれのスパンと1グリッドの面積を確認しておこう。

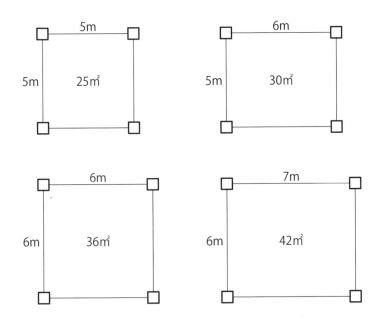

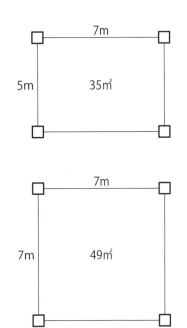

　これらの基本グリッドを覚え、要求されたボリュームと、選択できるグリッドを関連づけておくと、プランニングがスムーズに進む。

　例えば、100㎡のボリュームに対してどのような基本グリッドの組み合わせが考えられるか、列挙してみよう。

①5×5mグリッド4単位で100㎡

②6×6mグリッド2単位、6×5mグリッド1単位で102㎡

③7×7mグリッド2単位で98㎡

　①はちょうど100㎡なので思いつきやすいだろう。しかし100㎡のボリュームに対し、使えるグリッドがひとつしかないのでは、プランニングがしにくい。②③のように近似の値でとらえることで、使用するグリッドの選択肢が増え、組み立てる架構のイメージがつかみやすくなる。（右図）

　同様に、90㎡のボリュームに対し考えられる基本グリッドの組み合わせをいくつか列挙する。これ以外にもバリエーションが考えられるよう、練習を積んでおこう。

①6×5mグリッド3単位で90㎡

②7×6mグリッド1単位、7×7mグリッド1単位で91㎡

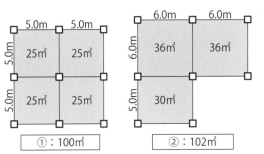

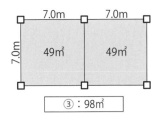

7×7mグリッドは約50㎡、7×6mグリッドは約40㎡という具合に、およそのボリュームでとらえよう。

　次に、基本グリッドを実際に建物の架構として組み立ててゆく流れ、すなわちグリッド計画の流れを、いくつかの事例を通して見てみよう。

　各事例とも、問題文を読み込んで導きだした建築可能範囲と、各階の面積、全体のボリュームを算出したものとして、解説する。

■グリッド計画の流れ　事例1（各階のボリュームが同じ場合）

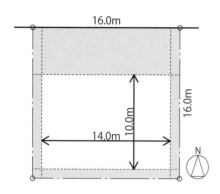

●問題文から想定した建築可能範囲（左図）
　東西14m　南北10m
●問題文から算出したボリューム

1 階	140 ㎡
2 階	140 ㎡
計	280 ㎡

> **建築可能範囲**
> 　与えられた敷地内で、建物が計画できる部分。隣地（道路）境界線からの離隔と、庭、駐車スペースなどの屋外施設の条件から想定する。

　この建築可能範囲に、1階2階ともに140 ㎡を確保できるグリッドを考えてみよう。東西、南北幅共に一般的なスパン（4～8m）を超えているので、4隅の柱だけでは架構は成立しない。まずは東西、南北幅の中央に柱を立て、7×5m のグリッド4単位を2層分、積み上げる形としたものが1-A 案である。

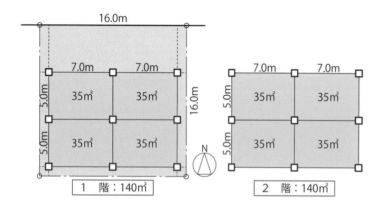

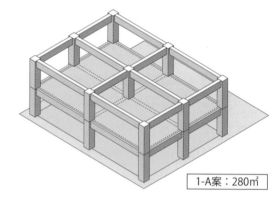

1-A案：280㎡

　計画できるグリッドはこれだけではない。5×5m のグリッド4単位、4×5m のグリッド2単位を組み合わせて、2層分積み上げる形も考えられる。グリッドは敷地に合わせてスパンを調整する。

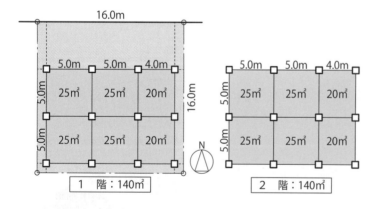

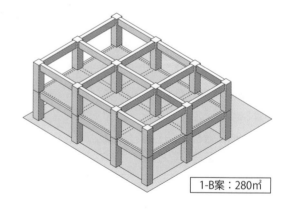

1-B案：280㎡

　事例1のように、各階が同じ面積、形状の場合は、グリッド計画に大きな制約がなく、バリエーションがつくりやすいだろう。では、各階の面積が異なる場合には、どのようなグリッドが想定できるだろうか。それを次の事例2で具体的にみてみよう。

■グリッド計画の流れ　事例2（各階の面積が異なる場合）

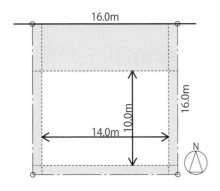

- ●問題文から想定した建築可能範囲（左図）
  - 東西14m　南北10m
- ●問題文から算出したボリューム
  - 1　階　　140 ㎡
  - 2　階　　100 ㎡
  - 計　　　240 ㎡
- ●東側に眺めのよいルーフテラス

　事例1と同じ建築可能範囲だが、2階のボリュームが違う。グリッドは上下階同一が原則であるため、使用するグリッドの単位数で面積の異なるフロアを支える架構を考えなくてはならない。2-A 案、2-B 案はそれぞれ1階、2階で使用するグリッドの単位数を変えることで、面積を調整している。

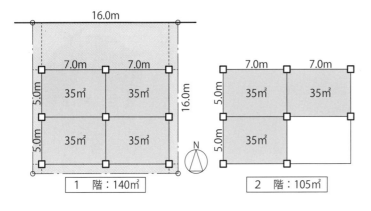

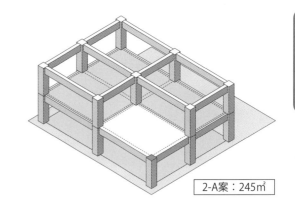

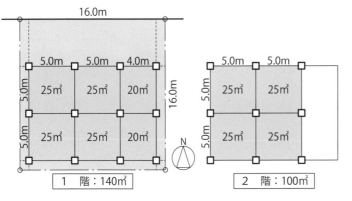

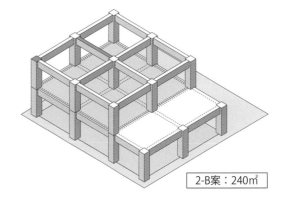

　グリッド全てを室内としない方法もある。グリッド内に小梁を設け、室内外を分けることで、面積を調整できる。

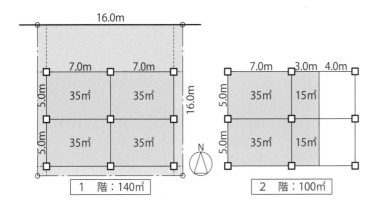

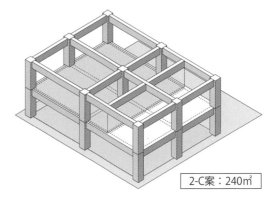

■グリッド計画の流れ　事例3（3階建ての場合）

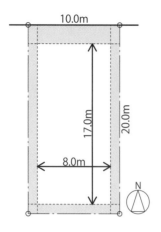

●問題文から想定した建築可能範囲（左図）

　東西8m　南北17m

●問題文から算出したボリューム

1 階		90 ㎡
2 階		120 ㎡
3 階		80 ㎡
	計	290 ㎡

●ピロティは床面積に算入しない

　3階建ての場合も考え方は同じである。面積が最大の階（ここでは2階）と、最小の階（ここでは3階）を見比べながら、全体を支えるグリッドを検討する。

　基本グリッドの項でも述べたように、3階が80㎡なので7×6m グリッド2単位。2階は120㎡なので、7×6m グリッド3単位としたいところだが、建築可能範囲内に納まらないため、7×6m グリッド2単位と7×5m グリッド1単位の組み合わせに調整し約120㎡。1階は2階と同一の架構を使用し、約120㎡の面積を確保したのち、グリッド内に小梁を内に設けることで、面積調整を行っている。

ピロティを設ける場合は、その部分を床面積に算入するのかしないのか、問題文を確認しよう。

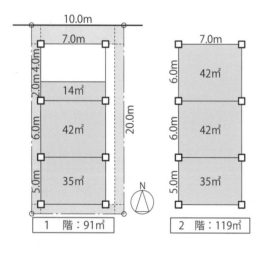

1 階：91㎡

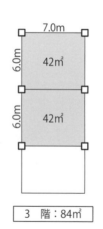

2 階：119㎡

3 階：84㎡

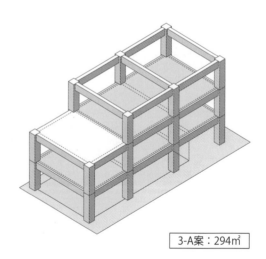

3-A案：294㎡

■グリッド計画の流れ　事例4（基本課題の場合）

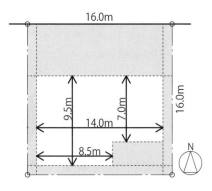

●問題文から想定した建築可能範囲（左図）

東西14m（最大）　南北9.5m（最大）

●問題文から算出したボリューム

1　階	120	㎡
2　階	100	㎡
計	220	㎡

●2階にルーフテラス

　冒頭で解説したラーメン構造 (A) の架構を見てみよう。これは事例2-C案の応用形で、本来架構を検討する際除外して考える庭の部分にあえて柱を立て、14m×9.5m の範囲全体に架構を組み、グリッド内に計画した小梁によって面積を調整したものである。

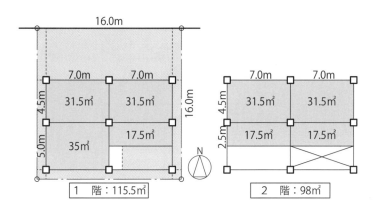

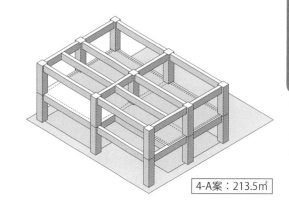

　この架構は問題文に「庭の上部に建物を計画してはならない。」の一文がある場合には成立しない。仮になかったとしても、住宅の庭に柱が立っているのを好ましくないとする意見もあるだろう。

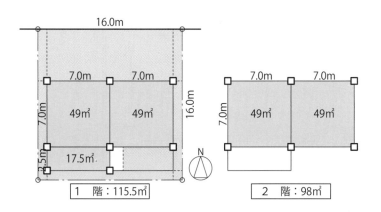

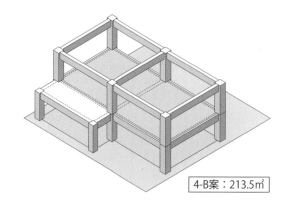

　建物の形状に沿って柱を配置して、架構を組み上げるグリッド計画も考えられる。この場合2.5m のスパンで柱を立てるのは不経済ではあるが、その点に目をつぶれば、十分ラーメン構造の架構として成立している。

事例4-B 案の平面図を以下に示す。

スパンが2.5m となった平家部分に関しては、上部に室が計画されないことも勘案し、柱を600㎜角とした。

南側に突出した平家部分に柱が立っていること以外は、基本課題とほぼ変わらない状態で、「ラーメン構造」の架構としている。

P50 のラーメン構造 (A) の図面と比較して、どこが違うのか、確認しよう

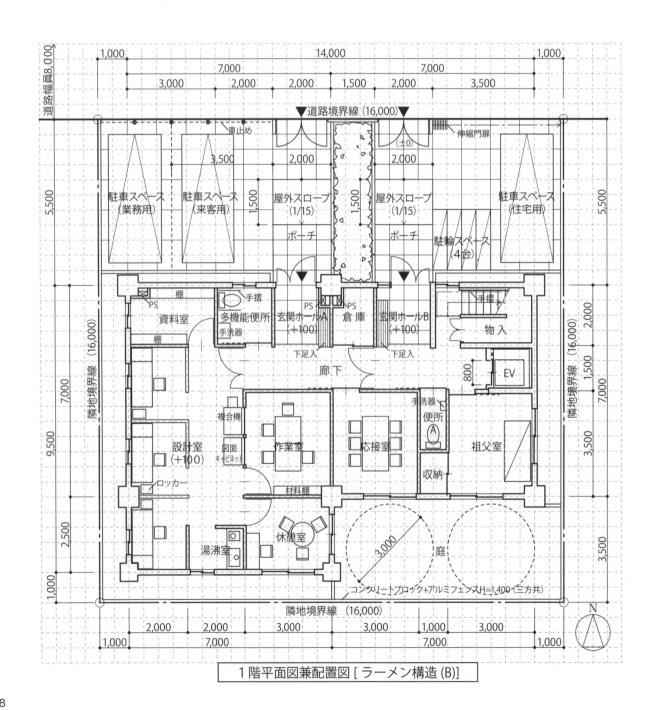

1階平面図兼配置図 [ラーメン構造 (B)]

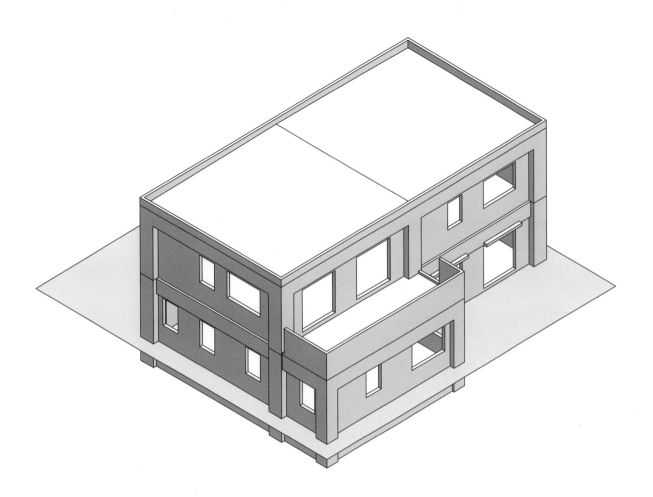

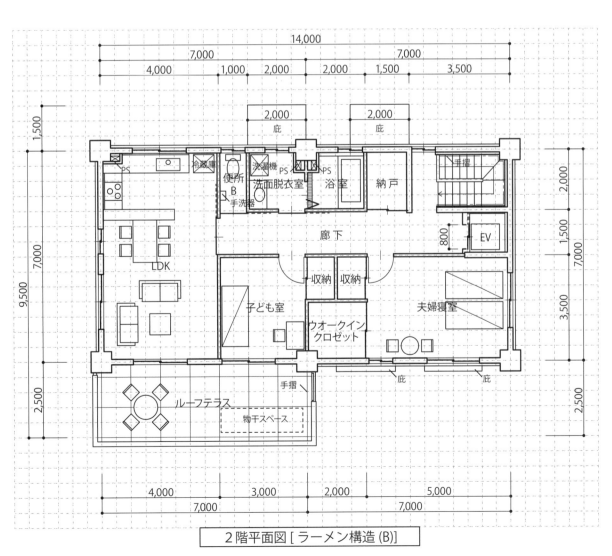

14,000

7,000　　　　　　7,000

4,000　1,000　2,000　2,000　1,500　3,500

2,000 庇　　　2,000 庇

1,500

冷蔵庫　　　　　洗濯機　PS

PS　　　　　　　便所 B　洗面脱衣室　浴室　納戸

手洗器

手摺

2,000

廊下　　　　　　　800　EV

1,500

7,000　9,500

収納　収納　7,000

LDK

子ども室　　　　　　　　夫婦寝室　3,500

ウオークイン クロゼット

手摺　　　　　　　　　　　庇　　　庇

2,500

ルーフテラス　　　　　　　　　　　　　2,500

物干スペース

4,000　　　3,000　　　2,000　　　5,000

7,000　　　　　　7,000

2階平面図 [ラーメン構造 (B)]

② 柱と壁

ラーメン構造の計画では、柱、梁それぞれの中心線（柱心、壁心）を一致させる方法と、柱、梁それぞれの外壁面を一致させる方法がある。前者と後者では柱、梁と壁の関係が大きく異なるため、平面、立面、断面上の見え方の違いに留意すること。

本書では計画のしやすさを考慮し、前者による計画を基本に解説を進める。

どちらの場合も、面積は壁心でおさえよう。

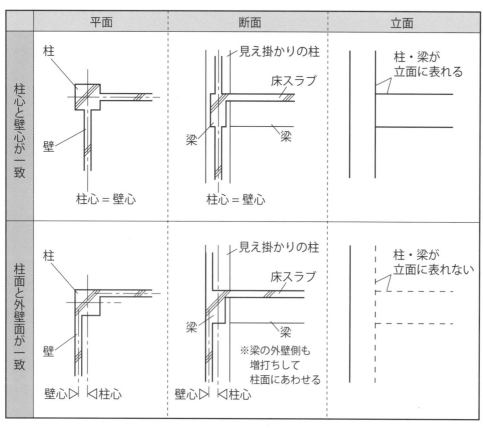

	平面	断面	立面
柱心と壁心が一致	柱 / 壁 / 柱心＝壁心	見え掛かりの柱 / 床スラブ / 梁 / 梁 / 柱心＝壁心	柱・梁が立面に表れる
柱面と外壁面が一致	柱 / 壁 / 壁心▷◁柱心	見え掛かりの柱 / 床スラブ / 梁 / 梁 / ※梁の外壁側も増打ちして柱面にあわせる / 壁心▷◁柱心	柱・梁が立面に表れない

③ 階段・エレベーターの配置

階段、エレベーターなど、上下階を結ぶ縦動線を計画する際は、必ずグリッド内に納まるよう計画する。グリッドをまたいで計画すると、エレベーターの昇降路を梁が貫通したり、階段を昇降する際、梁下寸法が足らず、通行できないなど致命的な不具合のある計画になってしまう。

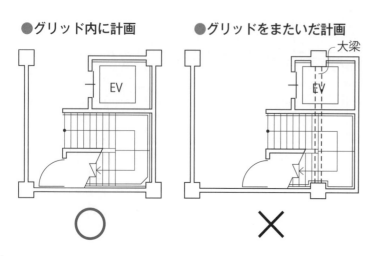

●グリッド内に計画　　●グリッドをまたいだ計画

EV　　大梁　EV

〇　　×

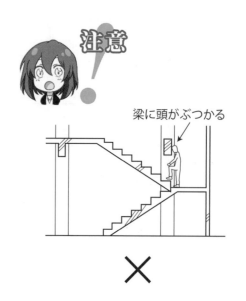

注意

梁に頭がぶつかる

×

④ 主要構造部材

ラーメン構造の主要構造部材の寸法は、以下に示す寸法・数値を目安に計画する。これらの寸法・数値はあくまでも試験対策用に、安全を考慮しながら算出した概算値である。

試験中に構造計算をしている時間はない。
試験対策用の数字を覚えて使えるようにしよう。

■柱

柱のスパン（柱間隔）は**4～8m**程度を基本とする。

柱の断面寸法は、スパンの1/10程度かつ600×600mm以上とする。

■大梁

大梁は柱を連結して架構を構成する部材であり、全ての柱頭に配置する。グリッド計画の項でも述べたように、柱と大梁によって構成されるグリッド1単位の床面積が、**30～50㎡**程度となるよう計画する。

大梁の梁せいは、600mm以上、スパンの1/10以上とし、梁幅は梁せいの1/2～2/3程度とする。

■小梁

小梁は、主に架構の分割、補強に用いられる部材で、梁で囲まれた床面積が**25㎡以内**程度になるよう配置する。また、階段、エレベーターの周囲や、浴室等水廻りで床レベルを変更した部分に設ける。

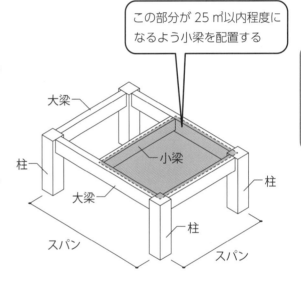

この部分が25㎡以内程度になるよう小梁を配置する

■地中梁（基礎梁）

地中梁は大梁同様、柱を連結して架構を構成する部材であり、全ての柱脚に配置する。

地中梁の梁せいは一般に建物の高さの1/10程度とする。

■壁・スラブ（床版）

壁厚は、120mm以上とする。

スラブ厚は、150mmを標準とする。庇、バルコニーのような片持ちスラブの場合も、持ち出し長さが1.5m以下であれば、150mmで計画して問題ない。

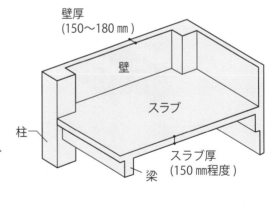

標準スパンと一般的な部材断面を下表にまとめた。この数値を覚えてプランニングを進めよう。

スパン	5m	6m	7m	8m
柱	600×600	600×600	700×700	700×700
大 梁	350×600	350×600	350×700	450×700
小 梁	300×600			
地中梁	400×1,000			
壁	150～180			
スラブ	150			

（単位：mm）

■基礎

基礎には、独立基礎、連続フーチング基礎（布基礎）、べた基礎などの形式がある。

独立基礎は、柱の下に独立して設けた基礎によって建物を支える基礎形式。基礎どうしを地中梁でつなげることでお互いの拘束力を高め、不同沈下に抗する。建物の荷重を受ける底盤面積が、柱下にしかないため、大きな地耐力が必要となる。（地耐力を得るには、支持地盤まで掘り下げるか、杭を支持地盤に到達させる必要がある。）

連続フーチング基礎は、独立基礎のフーチングを外壁や大梁に沿って帯状につなげた基礎形式。底盤面積は独立基礎より広いため、必要とする地耐力は小さくなる。

べた基礎は、床下全体に設けられた耐圧板と呼ばれる厚さ200 mm以上の底盤によって建物を支える基礎形式。基礎底盤が大きい分、支持面積が広く、小さい地耐力でも建物を支える事ができるが、コンクリート、鉄筋量が増すためコスト高になる傾向がある。

基礎の形式

近年、1級建築士の試験では、地盤や基礎の知識を問う出題が増えている。2級建築士の試験にそれが波及しないとは言い切れない。

それぞれの基礎形式の特徴、長所、短所を理解しておこう。

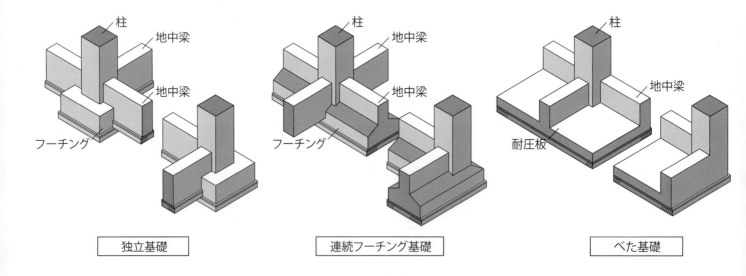

| 独立基礎 | 連続フーチング基礎 | べた基礎 |

■独立基礎の断面寸法

フーチングの厚みは600 mm程度、底盤底はGL-1,300 mm程度とする。

フーチングの底面積は、ここの独立基礎が支えている柱が負担する荷重によって異なるため、中央部が大きく、外周部は小さくなる傾向にある。

2階建ての建物の1階の柱に着目し、その柱1本が負担する荷重を3.5t/㎡（約35kN/㎡）、地耐力を30t/㎡（約300kN/㎡）と仮定し、算出した、基本グリッドにおけるフーチング底面積の概算値を見てみよう。

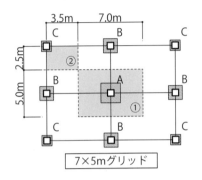

7×5mグリッド

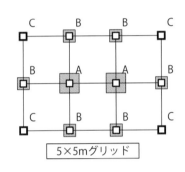

5×5mグリッド

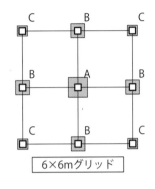

6×6mグリッド

グリッド	7×5	5×5	6×6
A	2.1×2.1	1.8×1.8	2.1×2.1
B	1.5×1.5	1.3×1.3	1.5×1.5
C	1.1×1.1	0.9×0.9	1.1×1.1

(単位：mm)

7×5m グリッドの基礎フーチング底面積を計算してみよう。

まず、建物中央の柱A を支える基礎。この柱が負担する床は、色がついている部分①で、7×5m。これを計算すると、

(7m×5m×3.5t/㎡)÷30t/㎡＝4.0833 ㎡

これが、柱A 下の基礎フーチングに必要な面積。これの平方根をとると、正方形平面の寸法が算出できる。

√4.0833＝2.0207

ということで、2.1×2.1m となる。

建物四隅の柱C を支える基礎も同様に計算を行う。この柱が負担する床は、色がついている部分②で、3.5×2.5m。これを計算すると、

(2.5m×3.5m×3.5t/㎡)÷30t/㎡＝1.0208 ㎡

√1.0208＝1.0103

ということで、1.1×1.1m となる。

■べた基礎の断面寸法

地中梁と梁底を合わせる形で、耐圧板を設ける。
耐圧板の厚さは300 mm程度を標準とする。

■まとめ

主要な構造部材の名称、位置、断面寸法等をまとめた。基礎の形式によって断面が大きく異なるので、整理して覚えよう。

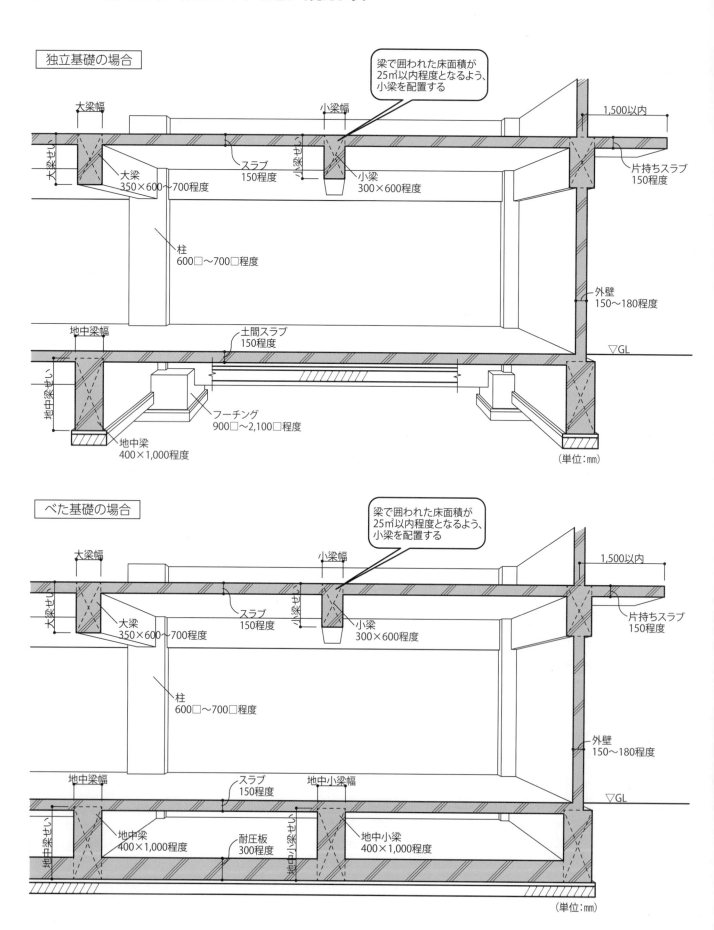

独立基礎の場合

梁で囲われた床面積が25㎡以内程度となるよう、小梁を配置する

大梁幅

小梁幅

1,500以内

大梁せい

大梁
350×600〜700程度

スラブ
150程度

小梁せい

小梁
300×600程度

片持ちスラブ
150程度

柱
600□〜700□程度

外壁
150〜180程度

地中梁幅

土間スラブ
150程度

▽GL

地中梁せい

フーチング
900□〜2,100□程度

地中梁
400×1,000程度

（単位：mm）

べた基礎の場合

梁で囲われた床面積が25㎡以内程度となるよう、小梁を配置する

大梁幅

小梁幅

1,500以内

大梁せい

大梁
350×600〜700程度

スラブ
150程度

小梁せい

小梁
300×600程度

片持ちスラブ
150程度

柱
600□〜700□程度

外壁
150〜180程度

地中梁幅

スラブ
150程度

地中小梁幅

▽GL

地中梁せい

地中梁
400×1,000程度

耐圧板
300程度

地中小梁せい

地中小梁
400×1,000程度

（単位：mm）

⑤ 内壁の種類について

ラーメン構造では、全ての壁を鉄筋コンクリート構造にする必要はない。外壁と、縦動線（階段、エレベーター）部分を鉄筋コンクリート構造とし、その他の内部間仕切り壁は、造作壁（木造、コンクリートブロック、軽量形鋼）として計画した方が、プランニングしやすい。

作図する上では、下地の違いや壁の種別全てを明確に描き分ける必要はないが、鉄筋コンクリート構造の壁と、造作壁とは描き分けるようにする。

⑥ その他の留意事項

■PS（パイプスペース）

給配水用配管スペース。2階以上に台所、浴室、洗面、便所等の水廻りを設けた場合には、パイプススペースを設ける。計画の際には以下の点に留意する。

○2階以上の水廻り近辺の下階に設置する。

○PS自体は下階（2階建ての場合建ては1階）にあればよいが、通気、掃除口を考慮し、上階の同じ位置にも計画する。その際、上下階で位置を合わせるのが望ましいが、それに固執して、室の使い勝手を損なわないよう留意する。

（3）壁式構造

　壁式構造は、耐力壁と壁梁で躯体を構成するもので、間仕切壁の多い中低層の共同住宅、戸建住宅に使用されることが多い。基本的に柱がないので、内部に大きく突出するものがなく、家具・什器のレイアウトがしやすいのが利点である。

　建物を支える耐力壁は、規模・階数によっての厚み、必要な量が規定されているほか、階高、上下階での壁の位置、開口の大きさ、数、設置場所に制約を受ける場合がある。

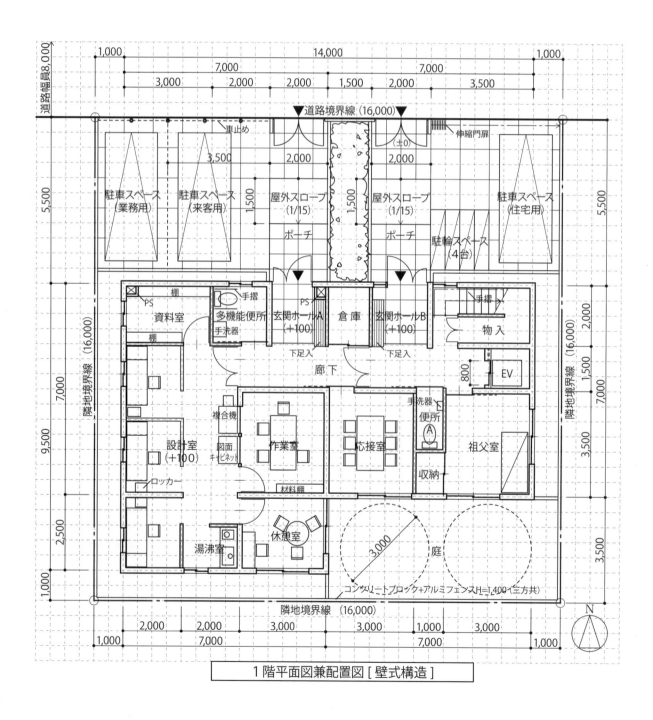

1階平面図兼配置図 [壁式構造]

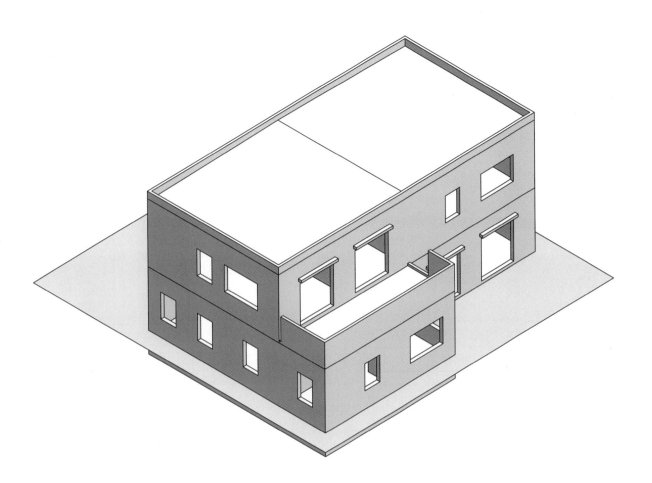

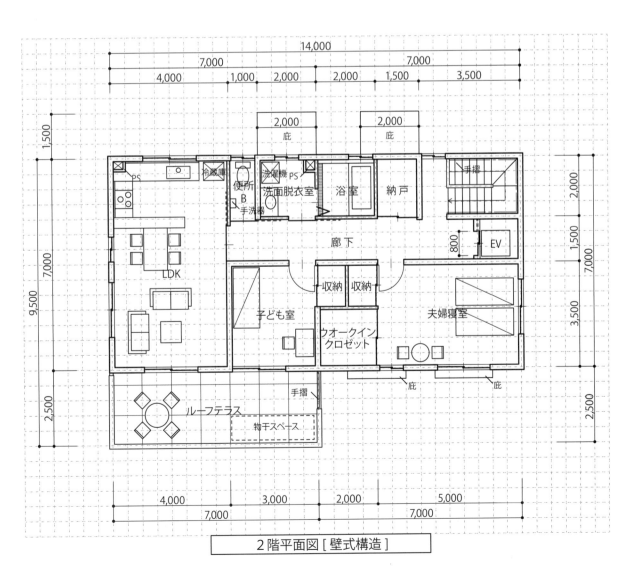

14,000
7,000　7,000
4,000　1,000　2,000　2,000　1,500　3,500

1,500

2,000　2,000
庇　庇

PS
冷蔵庫　洗濯機 PS
便所 B　手摺
手洗器　洗面脱衣室　浴室　納戸

2,000

廊下

1,500

800 EV

7,000
9,500

LDK

収納　収納

子ども室　夫婦寝室

ウオークイン
クロゼット

庇　庇

2,500

手摺

ルーフテラス

物干スペース

4,000　3,000　2,000　5,000
7,000　7,000

2階平面図 [壁式構造]

① 規模

平成13年度国土交通省告示第1026号で、鉄筋コンクリート造壁式構造としてよい建物の規模は、階数5階以下、軒高20m以下、階高3.5m以下と規定されている。

これに2級建築士の業務範囲を考慮すると、以下のようになる。

階	数	3階以下
軒	高	9m以下
階	高	3.5m（3階建ての場合は各階3.0m程度）以下

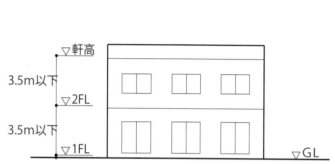
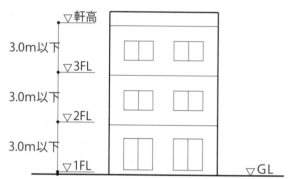

② 耐力壁・壁梁

壁式構造では、ラーメン構造のように、柱や梁がなく、耐力壁と壁梁及びスラブによって建物が支えられている。建物が構造上の性能を発揮し、地震力や風圧力に抗するためには、耐力壁と壁梁を、適切に配置する必要がある。

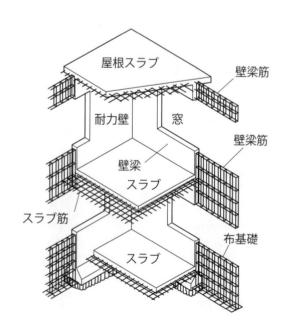

■**平面計画**

　耐力壁は、梁間方向、桁行方向ともにバランスよく配置する。南面に大きな開口部を多く確保しすぎると、南面の耐力壁量が少なくなるので注意する。

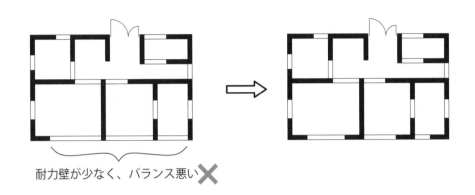

耐力壁が少なく、バランス悪い✕

　また、耐力壁で囲まれた室の面積は、**25～30 ㎡程度**までとする。問題文で、これ以上に大きな面積の室を要求された場合は、上階の間仕切り壁を木造としたり、補強の壁梁を設けるなどの構造的な工夫が必要となる。

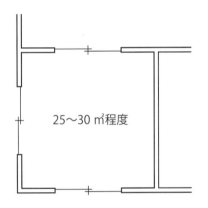

25～30 ㎡程度

室の最大面積
　耐力壁で囲まれた室の面積が過度に大きくなると、たわみ、ひび割れ、振動の原因になる。

　直交する耐力壁どうしの取り合いは、Ｔ形あるいはＬ形になるよう、開口部や建具の位置を調整しながら計画する。

室の面積を25～30 ㎡程度とすることで、概ね必要な壁量が確保でき、プランニングしやすくなるね。

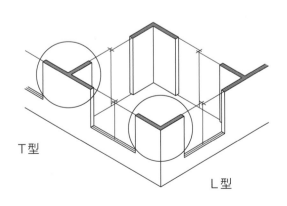

Ｔ型

Ｌ型

■断面計画

　耐力壁は上下階ともに同位置に配置する。計画上、上下階の耐力壁を同位置とできない場合は、上階の間仕切壁を木造としたり、補強の壁梁を設けるなどの構造的な工夫が必要となる。

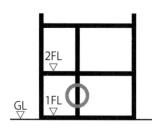
上下階で壁が同位置

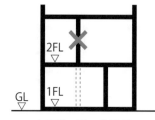
上下階で壁の位置が不一致

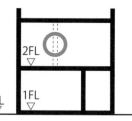
上階の壁を木造にする

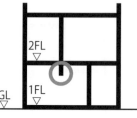
壁梁を設ける

　各階の耐力壁頂部には、構造上有効な壁梁を連続して設けなければならない。

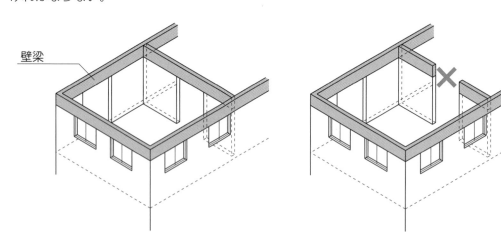

③　構造部材寸法・壁量

　耐力壁が構造上有効に働くためには、適切な厚さと長さを有する壁が、必要量設けられていなければならない。壁厚、長さ、壁量に関する規定を以下に示す。耐力壁に設けられた開口部の扱いについても確認しよう。

〈図〉耐力壁の実長

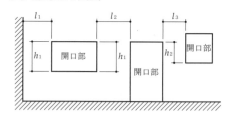

● 耐力壁の実長は、45 cm以上、かつ同一の実長を有する部分の高さの30％以上とする。（右図）

l_1, $l_2 \geqq 45$ cm, かつ, $0.3h_1$

$l_3 \geqq 45$ cm, かつ, $0.3h_2$

（h：同一の実長をもつ部分の長さ）

● 耐力壁の厚さは2階建ての場合、15 cm以上とする。（右表1）

● 壁量とは、各階の梁間および桁行のそれぞれの方向に対して、単位面積あたりの耐力壁の長さをいう。2階建ての場合、12 cm／㎡以上必要である。（右表2）。

〈表1〉耐力壁の最小厚さ

階			耐力壁の厚さ （cm）
地上階	地階を除く階数が1の建築物		12
	地階を除く階数が2の建築物		15
	地階を除く階数が 3以上の建築物	最　上　階	15
		その他の階	18
地　　　　　階			18

〈表2〉壁量

階		壁　量 （cm／㎡）
地上階	平屋、**最上階から数えて3つめの階以上の階**	12
	最上階から数えて4つめの階以下の階	15
地　　　　　階		20

④ プランニング上の留意点

　上下階の耐力壁を同位置に計画するという基本原則は、壁式構造の特徴であり、制約でもある。この原則に従ってのプランニングは、やりにくい面もあるが、ヒントになる部分もある。特に、問題文中の要求室の面積は、室配置の大きなヒントになりうる。壁式構造の問題文の読み取りの一例として参考にしよう。

　1、2階のそれぞれの要求室の面積に着目して、同規模の室を探し出し、それを上下で重ねることで、室配置の手掛かりとする。これは結果として、上下階で耐力壁の位置がそろうことになる。また、異なる規模の室でも、複数の室を組み合わせによって、上下で同規模のボリュームがつかめれば、同様の結果が得られる。

1階　親世帯：寝室
（洋室 15 ㎡以上）

2階　子世帯：子ども室
（洋室 15 ㎡以上（収納含む））

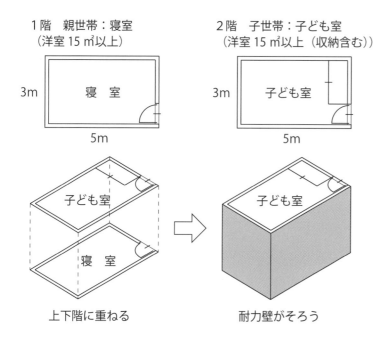

上下階に重ねる　　　　　　　耐力壁がそろう

P66,67の作業室と子ども室も同規模だね。
室の配置には、構造的な理由から決まるものもあるよ。

④ スピードアップ製図法

全ての図面を描き上げるということ

　本テキストでは、便宜上、各階平面図、立面図、断面図、部分詳細図といった図面ごとの作図手順を解説しているが、試験では、これらの手順のいくつかを同時にこなしながら、図面全体がまんべんなく仕上がっていくイメージで作図することが望ましい。まずひとつの図面を仕上げてから次の図面に着手 ... というような描き方では、重複する手順も多く、時間の浪費につながり、一部の図面が未完成ということになりかねない。

　同時に描けるものはまとめて描くなど、効率の良い作図を心がけよう。作図に要する時間の短縮はもちろんのこと、「平面図にあるものが立面図にない」といった図面間の不整合の防止にもなる。また、定規の移動回数が少なくなることで鉛筆の粉による図面の汚れ低減にもつながる。

　時間内に全ての図面を描きあげるために、以下のことに留意してほしい。

●答案用紙のレイアウトを確認すること。どの手順が同時にこなせそうか見極めよう。その際、思い込みは禁物。「平面図」の下が必ず「立面図」とは限らないことを念頭においておこう。

●作図に着手する前に「仕上表」「面積表」「構造部材表」「計画の要点等」などの記入を終えておく。最後に回すと乱雑な文字になったり計算ミス等を招きかねない。

●各階平面図、立面図と断面図など、お互いの関連性が高い図面は補助線等をまとめて作図する。その都度スケールによる計測を行わずとも作図が進められる。

●手順を覚え、機械的な作図を心がけると同時に、自分がどの手順で時間がかかっているのかを把握しよう。その部分を集中的に練習することによって、作図のスピードアップが期待できる。

●レタリングを後回しにし、定規を用いた作図作業を先に終わらせる。

●最低限作図要求のあるものを描いたところで、必ず図面のチェックを行うこと。目地を引いたり、点をうったりするような最終的な仕上げは「この状態でとりあえず提出できる」状態になってから行う。

作図に着手する前に
おちついて答案用紙の
レイアウトを確認しよう。

次に全体が仕上がってゆくおおまかな流れを示す。これはあくまで、「この手順で最低限ここまで描いておくとよい」目安であって、この通りの手順で描くことを強制するものではない。従ってその細かい過程、順序は自身のやりやすい方法でアレンジして構わない。

　大切な事は、時間内に全ての図面を、正確に、不整合なく描き上げることである。

■ 要求図書とレイアウト

　要求図書は毎年同じではない。当年課題発表時に公表されるのが一般的で、その内容によって描く図種は異なってくる。

　また答案用紙のレイアウトは試験当日になるまでわからない。作図に着手する前に、答案用紙をよく見て、作図枠を確認しよう。教材のレイアウトに慣れてしまい、答案用紙も同じレイアウトであると思い込んでしまうと、断面図の作図枠に立面図を描くなどというような思わぬ失敗をすることがある。

●出題例 A
　要求図書
・1階平面図兼配置図
・2階平面図
・立面図
・断面図
・部分詳細図（断面）
・構造部材表
・面積表
・計画の要点等

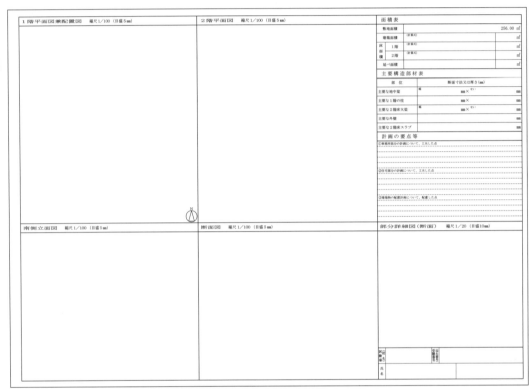

●出題例 B
　要求図書
・1階平面図兼配置図
・2階平面図
・3階平面図
・立面図
・断面図
・部分詳細図（断面）
・構造部材表
・面積表
・計画の要点等

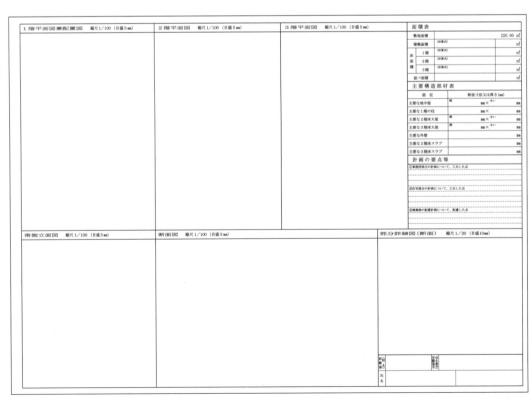

⑤ 平面図

⓪ 基点の確認　境界線・方位の作図

　まずはじめに、答案用紙に印刷された敷地のどこに作図の基点があるか、確認しよう。基点とは、作図の基準となる点で、この点を通る線は、東西方向、南北方向とも方眼上に乗っていることが必須条件となる。今回の場合は敷地の全ての境界線が方眼上に乗っているため、どこを基点としても良いが、便宜上北西の角、つまり左上とする。

　つぎに隣地境界線、道路境界線、方位を太線でしっかりなぞる。敷地の四隅には、テンプレートを用いて○を作図する。延焼ラインの記載を求められている場合は、当該階の作図枠内の敷地境界線も同様になぞる。

●配置・平面図の作図時間

0	100	（分）

制限時間100分	時間オーバー

注意

線の種類に注意しましょう。

　道路境界線：実線の太線　｝でなぞる
　隣地境界線：1点鎖線の太線

※図枠、図種名、面積表などは
なぞる必要はありません。

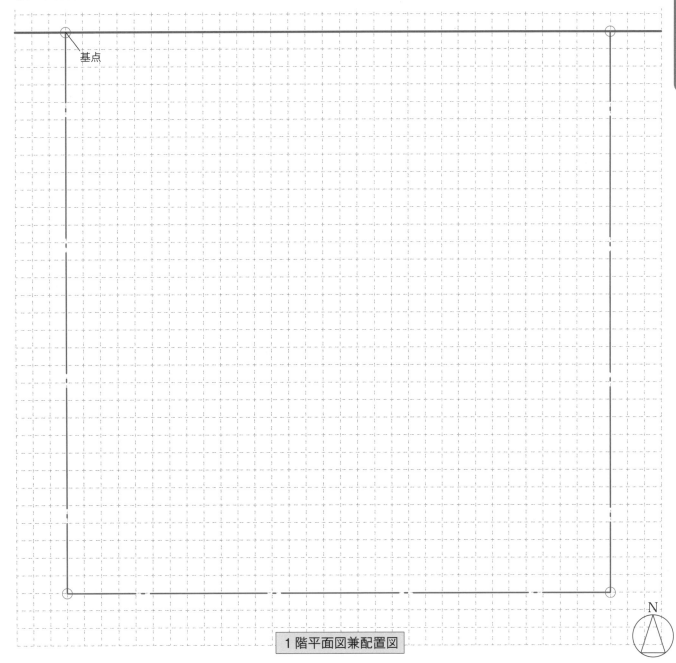

基点

N

1階平面図兼配置図

① 基準線（柱・壁芯）の作図

建物の柱、外壁について中心線を引く。

自分で考えたプランをもとに、答案用紙の敷地内に、建築物の外形・位置を正確に記入する。

なお、この段階で建物の寸法線を先に記入してもよい。

- 中心線の濃さは、あとで壁厚・柱幅をとる際に自分で分かる程度のうすい線（仮線）でよい。
- 必ず答案用紙の方眼（マス目）に従って記入すること。
- この中心線は、あとで壁や開口部を強く、濃く太線で描くことで目立たなくなるので、消す必要はない。
- 1、2階の線を同時に描くことで、作図時間の短縮及びそれぞれの図面間でのくい違いをなくすことができる。
（ステップ①～③に共通）

●建物の外形の大きさ、隣地離隔、間仕切り
　壁の位置の作図は慎重に

これらを間違えて先に進むと、修正に多くの
時間を浪費することになります。

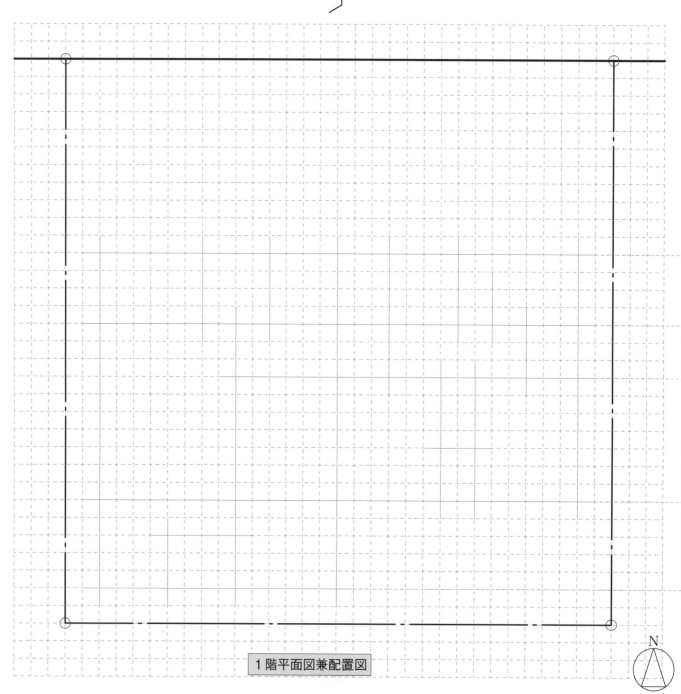

1階平面図兼配置図

N

同様に内部の間仕切壁についても中心線を引く。

●線の引き方の例

・横の線

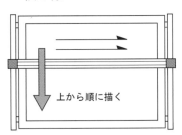
上から順に描く

・縦の線

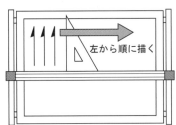
左から順に描く

横の線は平行定規を使い上から下へ

縦の線は三角定規を使い左から右へ

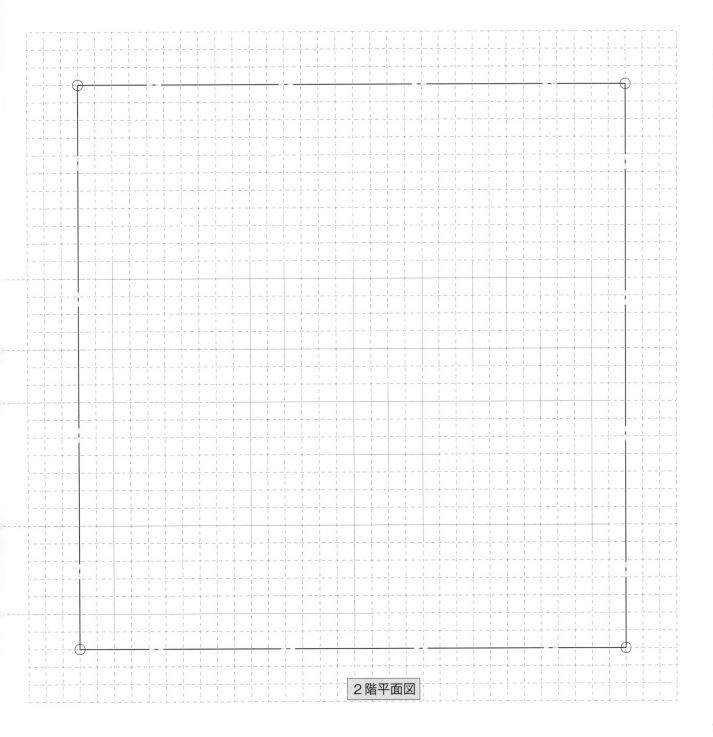

２階平面図

②-1　補助線（躯体・開口部など）の作図

　鉄筋コンクリート躯体部分の補助線を描く。基本的に外壁部分、階段、エレベーター周囲の壁は鉄筋コンクリートの躯体とする。

　柱は1/100で6〜7mm角程度（P61の部材断面表参照）、壁は、仕上込みで1.8〜2.0mm程度を目安とするが、いずれもステップ①で描いた中心線から両側にふりわけながら描く。

　次に鉄筋コンクリート躯体部分に設ける開口部の位置を描く。開口部は、方眼にそって計画しても良いが、方眼よりも壁厚の1/2程度内側に計画すると、造作壁等の取り合いがよくなる。

注意

壁厚は中心線より0.9〜1.0mm程度両側にふりわけますが、慣れないうちは壁厚が「太く」なりすぎたり、厚みがバラバラになってしまうことが多くあります。

毎回スケールを当てて描くのではなく、目見当で、均等な壁厚の線を描けるよう、繰り返し練習することで、作図時間の短縮や図面の印象の向上につながります。

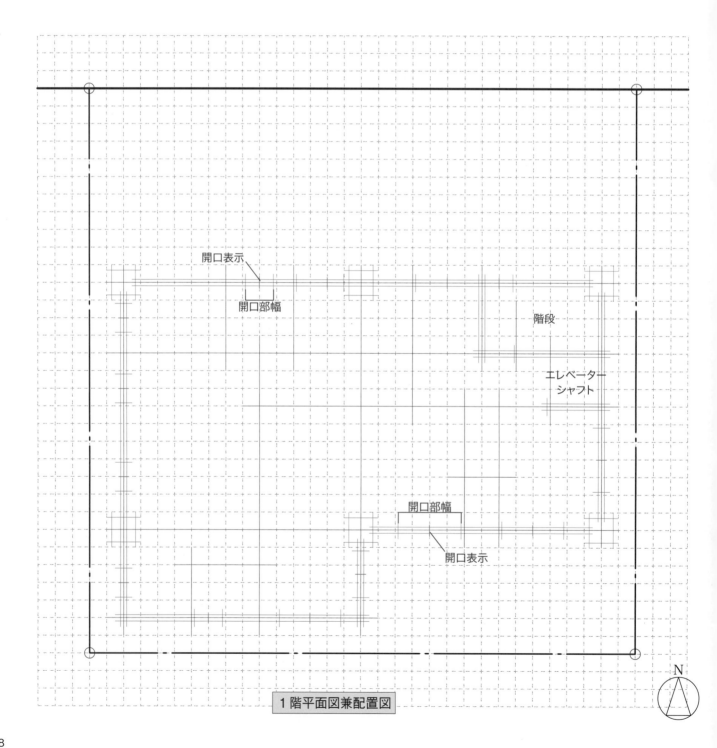

1階平面図兼配置図

柱の補助線は、テンプレートをうまく利用して以下のように
描いてもよい。

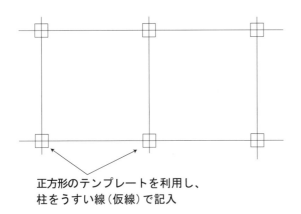

正方形のテンプレートを利用し、
柱をうすい線（仮線）で記入

Point

どの図面を描くときにも言えることだが、平行
定規や、三角定規の無駄な動きをなるべく少な
くし、効率よく図面を描きあげる工夫をしてい
きましょう！

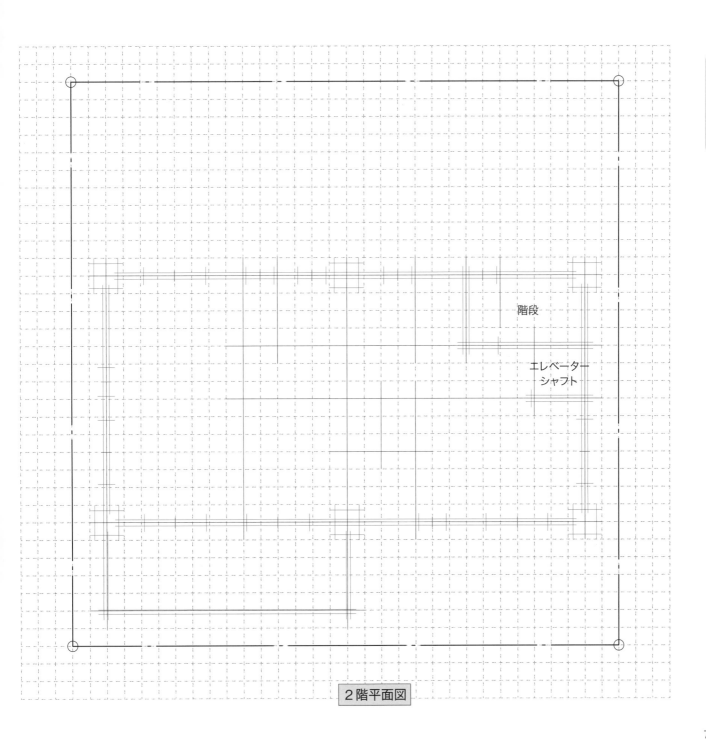

階段

エレベーター
シャフト

２階平面図

②-2　補助線（造作壁・開口部など）の作図

造作壁部分の補助線を描く。

造作壁厚は1/100で1㎜程度とし、ステップ①で描いた中心線から両側にふりわけながら描く。

階段とエレベータの部分は、室内側に突出する梁型を描いておくと、ステップ④⑤の作業がしやすい。

続いて造作壁部分に設ける開口部の位置を描く。前ステップ同様、開口部は、方眼にそって計画しても良いが、方眼よりも壁厚の1/2程度内側に計画すると、壁どうしの取り合いがよくなる。

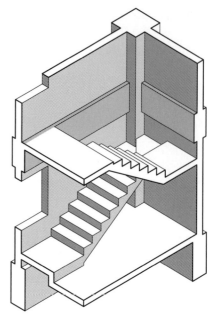

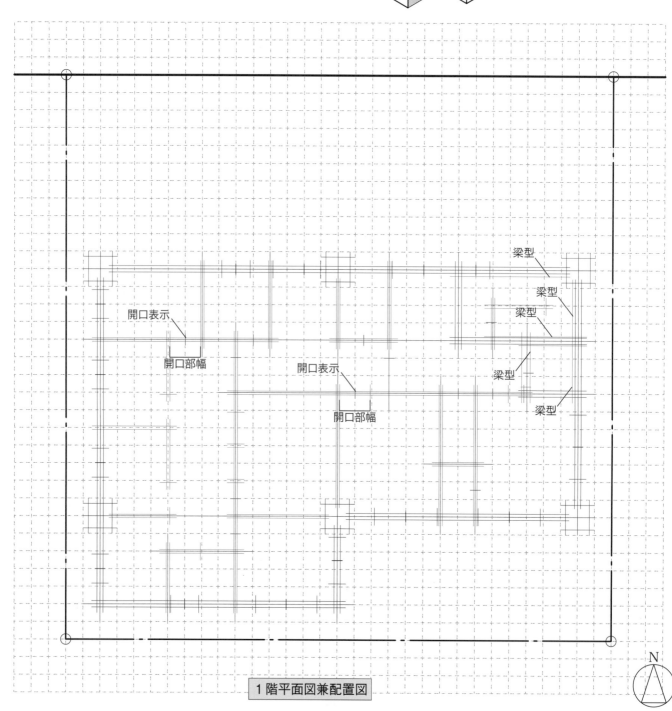

1階平面図兼配置図

N

鉄筋コンクリート造建築物の図面では、その部位がコンクリートの壁なのか、造作壁なのかを、壁厚によって判断できるよう、描き分けることが重要である。ここでは前者と後者の補助線を描く作業を分けることで、壁の違いを意識して描けるような手順となっているが、練習を重ね、ある程度描き分けができるようになったら、②-1と②-2は同時進行でも構わない。

注意

●壁厚は厚すぎても、薄すぎてもいけません。
　均等に描けるように何度も練習しましょう！
●次のステップで柱・壁を一気に仕上げるため、この段階で開口部の位置が分かるようにしておく必要があります。
●線と線の交わる部分は、線が交差するように描きましょう！少しはみでるぐらいで OK です！

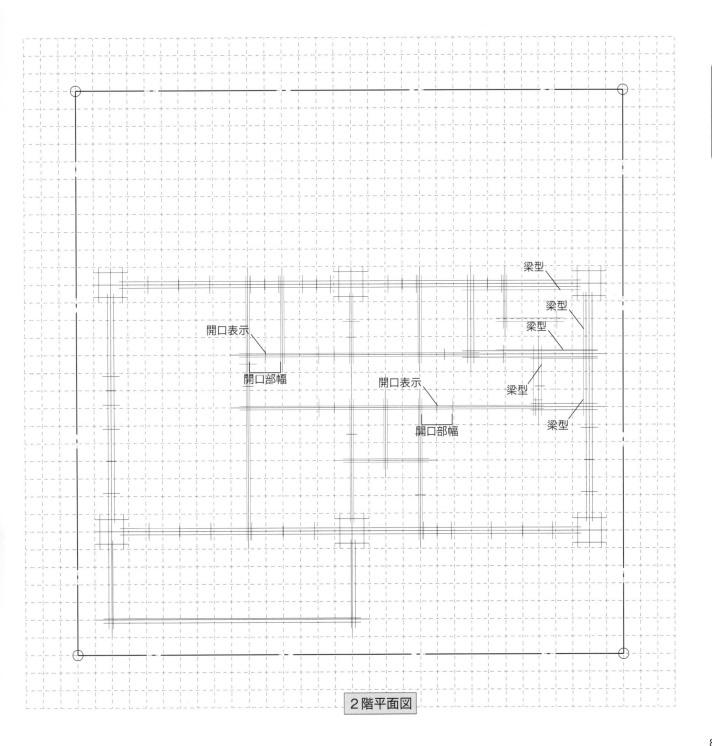

梁型
梁型
梁型
開口表示
開口部幅
開口表示
梁型
開口部幅
梁型

2階平面図

③-1　躯体（柱・壁）の作図

　平面図の表現で大切なのは、柱・壁・開口部である。中でも柱・壁の仕上は強く濃く、太線で表現する必要がある。ステップ②-1で描いた補助線を利用して、柱・壁を効率よく描こう。

Point

柱・壁の仕上は、B又は2Bのように濃い鉛筆（シャープペンシル）を使って描くとメリハリがつきます。

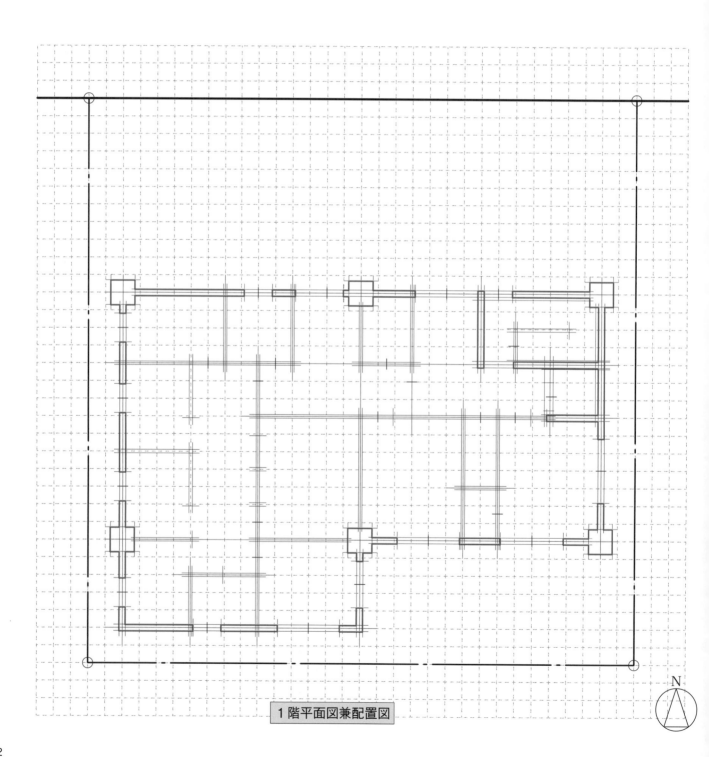

1階平面図兼配置図

N

・柱・壁の出隅、入隅はしっかり包絡させること。

※包絡処理とは ...

「交差した線」を処理し、外郭線の状態にすること。

●外壁の開口部においては、壁厚の線（ステップ②-1）がそのまま、窓枠の線として表現されます。

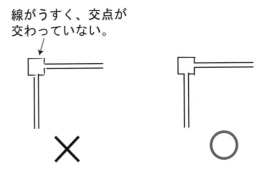

線がうすく、交点が
交わっていない。

壁厚の線＝窓枠の線

×　　　　　　○

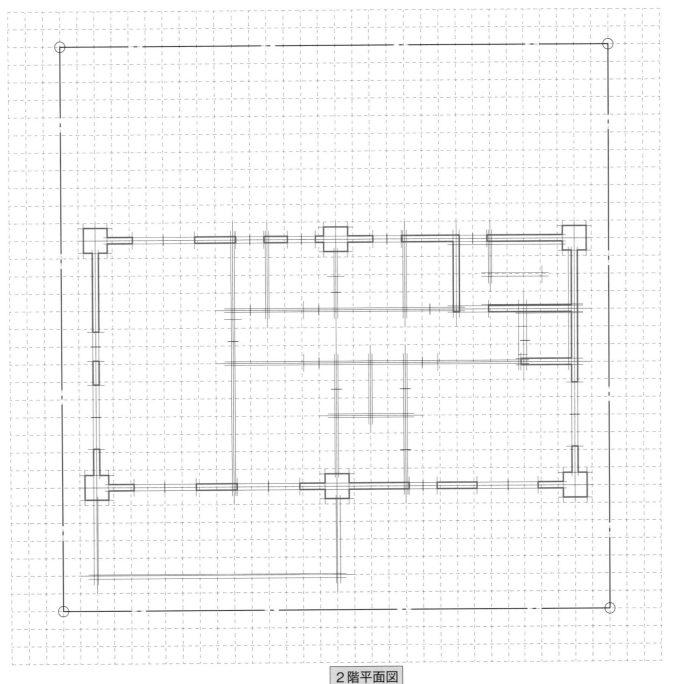

2階平面図

③-2　造作壁の作図

　続いて造作壁の表現に移行する。ステップ②-2 で描いた補助線を利用して、壁を効率よく描こう。

　鉄筋コンクリート造の建築物の図面では、その部位がコンクリートの壁なのか、造作壁なのかを、壁厚だけではなく、包絡によっても判断できるよう、描き分けることが重要である。
　前ステップ同様、練習を重ね、ある程度描き分けができるようになったら、③-1 と③-2 は同時進行でも構わない。

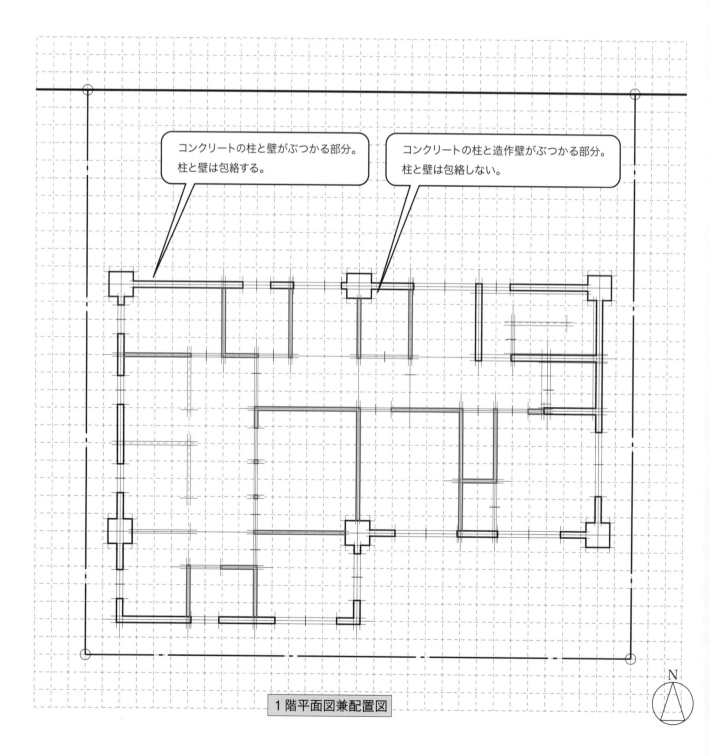

コンクリートの柱と壁がぶつかる部分。
柱と壁は包絡する。

コンクリートの柱と造作壁がぶつかる部分。
柱と壁は包絡しない。

1 階平面図兼配置図

N

柱と壁の作図が終わったら、自分が作ったプランと照らし合わせ、壁位置や開口部位置など相違がないか、中間チェックをしておこう。ここでチェックを怠り、間違いに気付かぬまま作図を進めてしまうと、あとで大きな手戻りをすることになる。

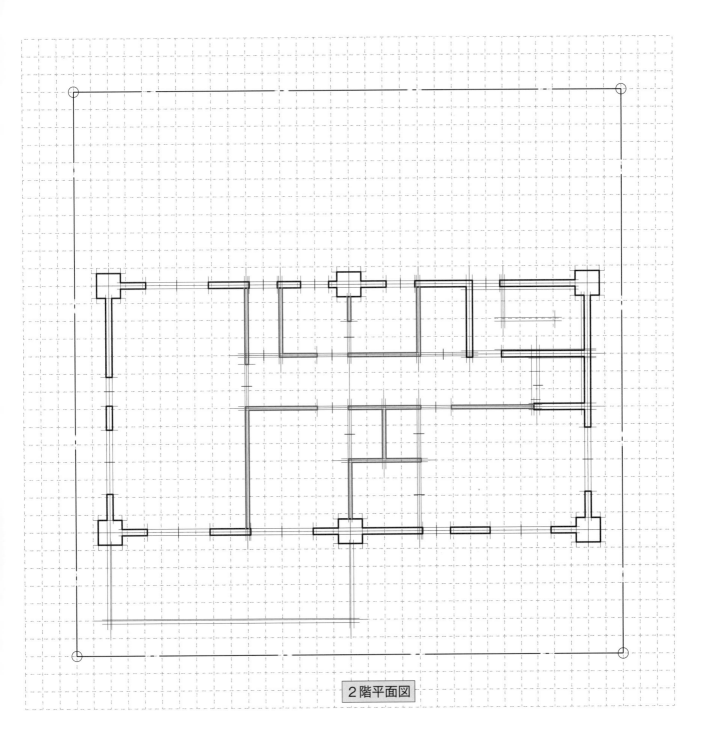

2階平面図

④ 開口部・建具の作図

まず、開口部・建具を太線で記入する。
P43の建具表示記号例を参照しながら、建具の形式と表示記号をしっかり覚えておこう。

1階を高齢者が使用する場合の出入口は、引戸や引違い戸を用いるよう、配慮を求められることがある。

引違い戸は、中央で重なるようにし、重なりはあまり長くしないようにしましょう。

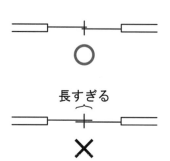

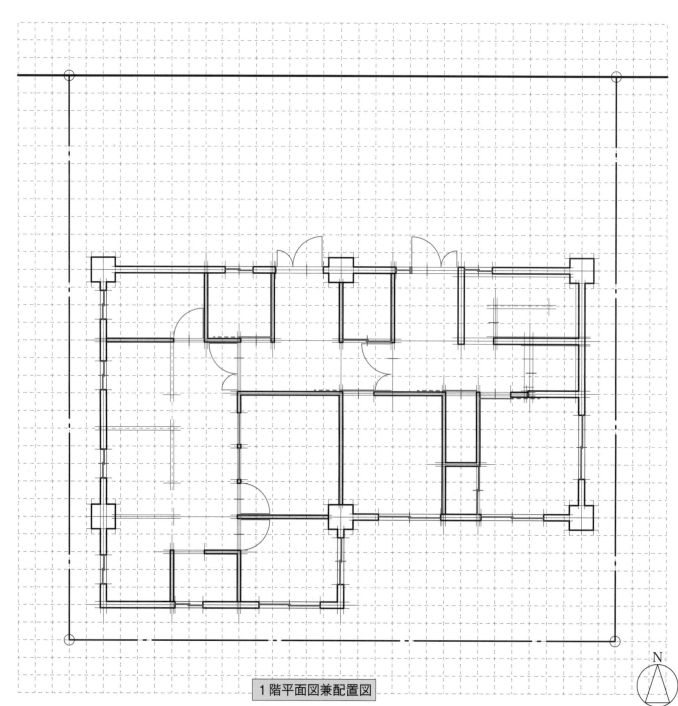

1階平面図兼配置図

• 引違い戸の描き方

引違い戸は、屋外、屋内どちらから見ても右側サッシを手前に
する。

注意

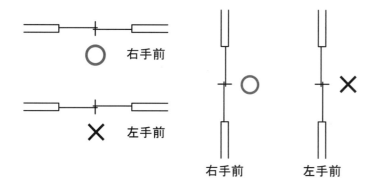

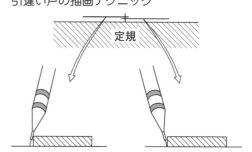

引違い戸の描画テクニック

定規は動かさずに、シャープペンシルの
傾きを利用して描くと早い！

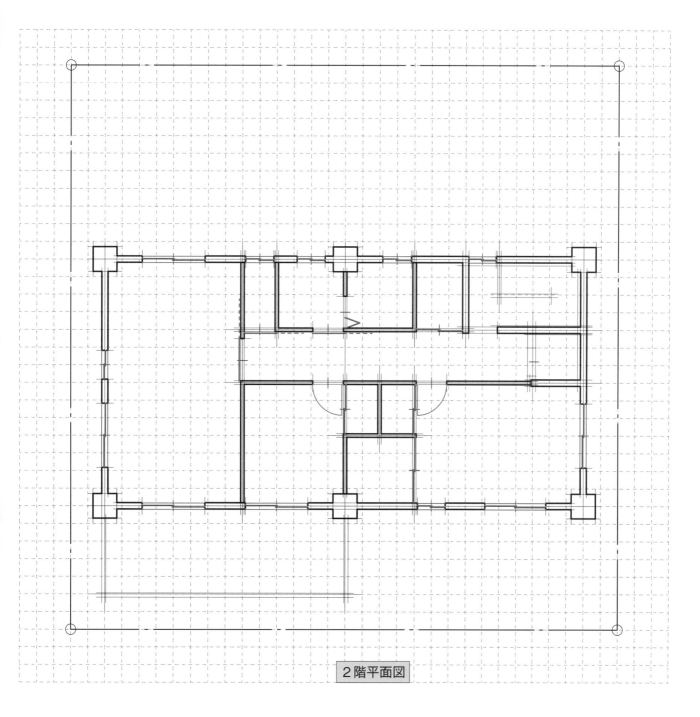

2階平面図

⑤ 階段・エレベータ・PS などの作図

　１・２階の階段を中線で描く。１階、２階の階段の位置、段数等に食い違いがないように、確認しながら作図すること。

- 破断線を１階の階段に記入する。
- 段板を記入する。

※今回の計画では、

　　階高3,000 ㎜　蹴上180 ㎜以下

　　3,000÷180＝16.6666（少数点以下を切り上げる）

　　つまり17 段以上必要なことに留意する。

- 手摺を記入する。記入を忘れがちなので注意する。
- 上り方向に矢印を記入する。「UP・DN」「上ル・下ル」などの記号は不要。

　ステップ②-2 で描いた通り、階段室内には梁型が突出している。階段の幅員は、その梁型から計測することに留意しよう。

　ここでは、梁面を造作壁の仕上面として作図を進めよう。

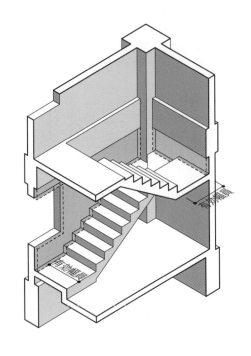

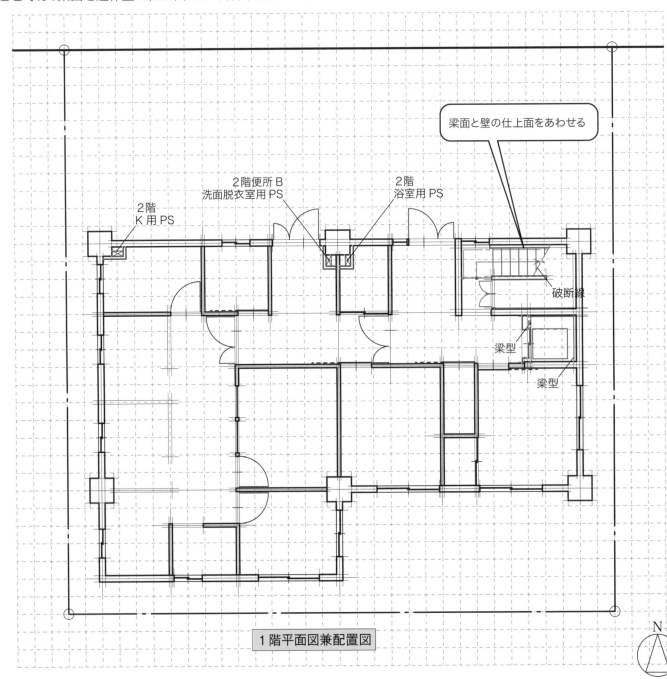

梁面と壁の仕上面をあわせる

2階
K用PS

2階便所B
洗面脱衣室用PS

2階
浴室用PS

破断線

梁型

梁型

1階平面図兼配置図

N

次にエレベーターを記入する。エレベーターシャフト内にも梁型が突出することに留意して、その梁に抵触しないよう、かごを描く。

続いて給排水用の PS（パイプスペース）を計画する。

- 2階以上の水廻り近辺の下階に計画する。
- PS 自体は下階（2階建ての場合は1階）にあれば良いが、通気、掃除口を考慮し、上階の同じ位置にも計画する。その際、上　下階で位置を合わせるのが望ましい。

平面図は、建物を目通り（FL から1.2～1.5m）の高さで、水平に切断し真上から見た図面だよ。階段の破断線は、各階の FL から7～8 段の部分に描こう。

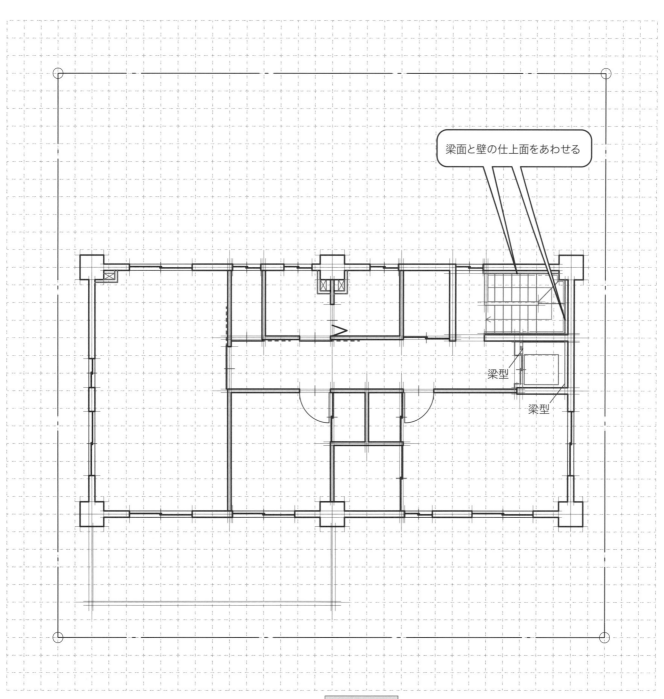

梁面と壁の仕上面をあわせる

梁型

梁型

２階平面図

⑥ 屋外施設・ルーフテラス・庇等の作図

1階平面図兼配置図に、門、塀、駐車・駐輪スペース、玄関ポーチ、屋外スロープ、庭等の屋外施設を描く。この段階での作図は必要最低限とし、外構の目地等は、他の図種の仕上がり具合に合わせて描くとよいだろう。まずは図面の時間内完成を目標にしよう。

続いて2階平面図に、ルーフテラス（1階平家部分の屋根）、玄関の庇、南面開口部の庇（霧除）等を作図する。併せて、外壁に突出した梁型の見えがかりも忘れずに描いておこう。

注意

●庇の記入の注意点
1階にある開口部の上部に庇を記入。
（2階平面図に記入するため、位置ズレなど、整合性に注意しましょう！）

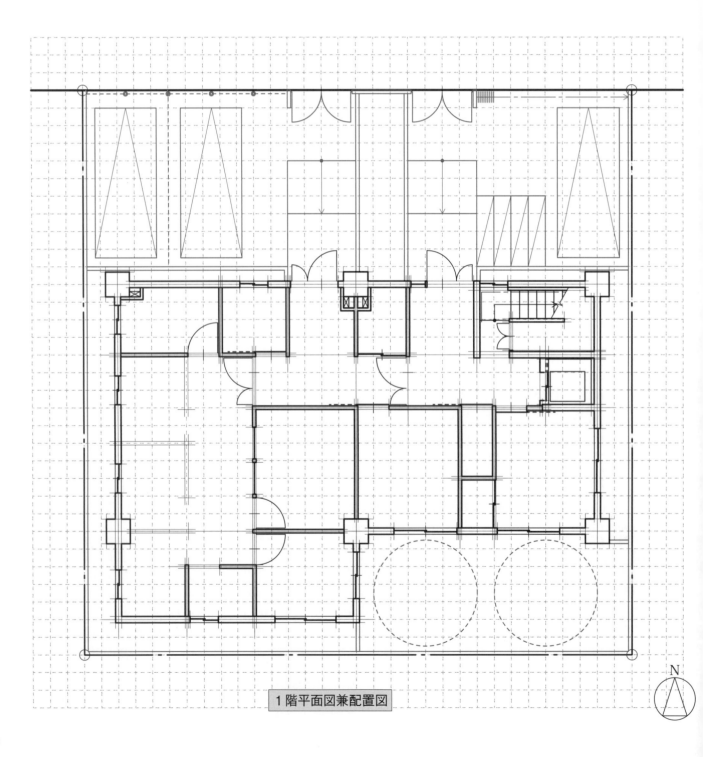

1階平面図兼配置図

N

• 駐車・駐輪スペースの大きさ

　ここに示した駐車・駐輪スペースは、定規による計測を行わずとも、方眼を利用して作図できる標準寸法である。車種によって大きさは変わるので、あくまでも目安としてとらえること。

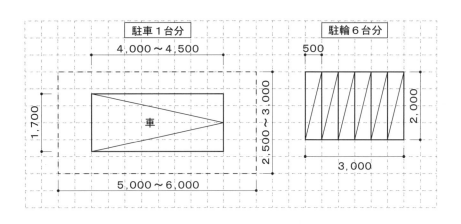

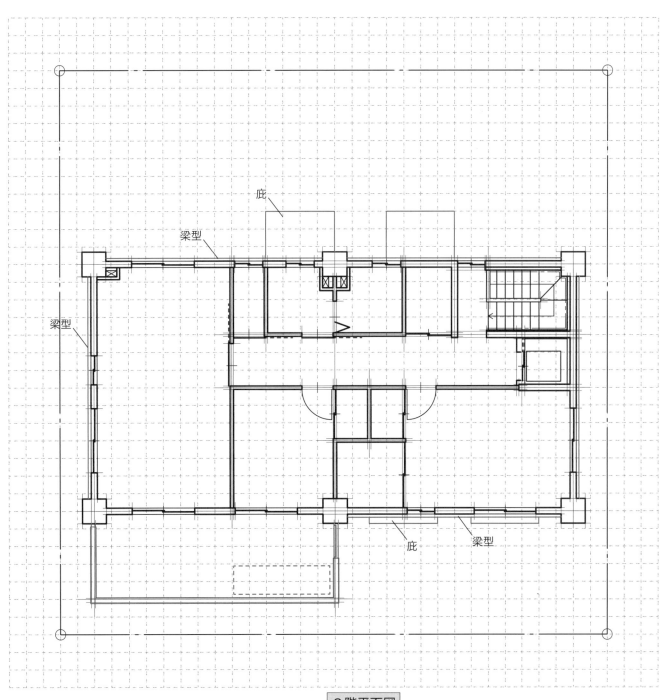

2階平面図

⑦ 設備・家具什器等の作図

設備・家具什器等を記入する。

この段階での記入は必要最低限とし、まずは図面の時間内完成を目標にしよう。

問題文に要求のある設備・家具の記入を優先し、あえて要求のないものを描く場合は、先のステップの作業を終えてから、試験の残り時間を見計らいながら記入するのがよいだろう。

●描きなおし（タイムロス）を減らす

断面図や立面図を作図する際に、平面図の柱や開口部の位置を変更することがあります。その際、設備・家具の位置まで影響が及び、修正に多くの時間を費やすことになります。

このような描きなおしを減らすために、手順⑥で1階屋根やバルコニーの記入を終えたら、手順⑦の設備・家具等を記入する前に、断面図や立面図などの作図に移行するとよいでしょう。

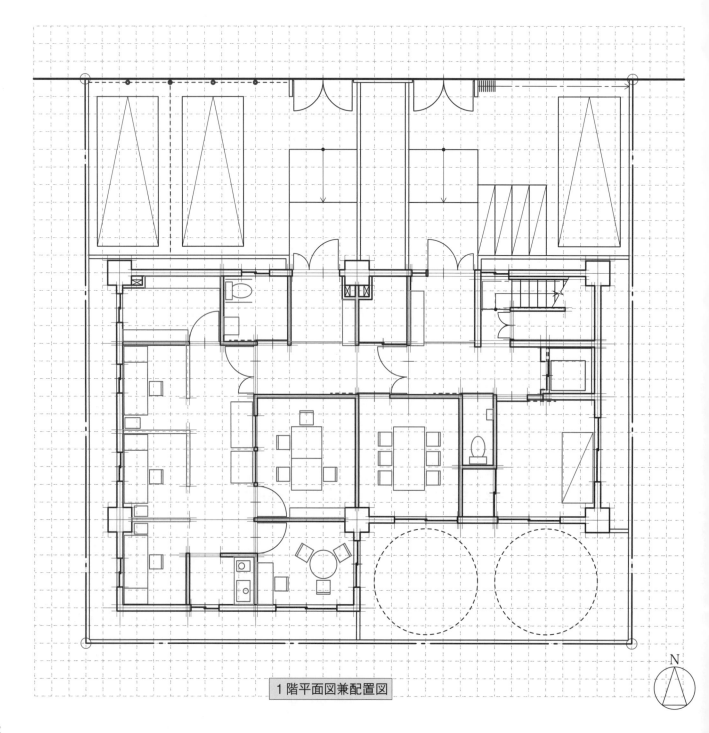

1階平面図兼配置図

N

各種設備機器や家具などの大きさは、P44 などを参照し、テンプレートなどをうまく利用して効率よく描けるよう、練習しよう。

注意

●設備機器や家具記入の注意点
- 適切な大きさで表現しましょう
  （スケールアウトは減点！）
- 使い勝手を考慮した配置としましょう

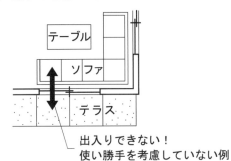

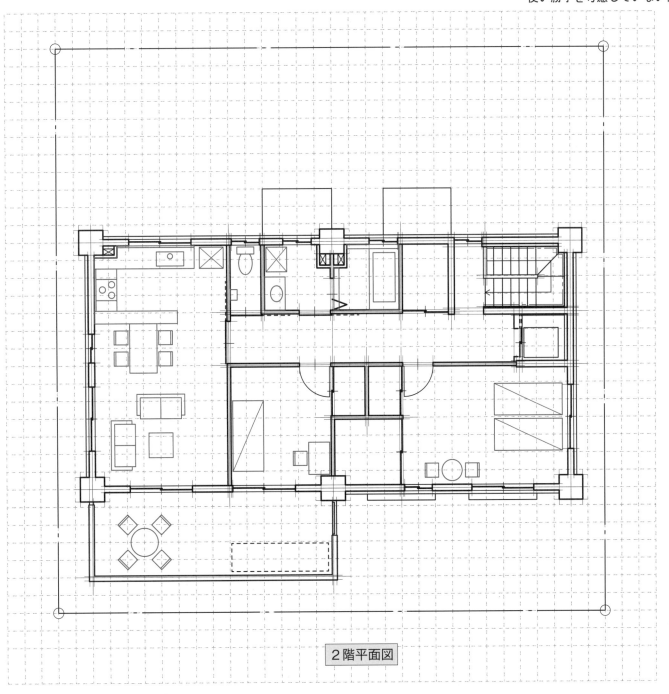

2階平面図

⑧ 記載要求のある記号、切断位置の記入

　道路から敷地及び建築物への出入口、延焼ライン、防火設備を記載要求に従って記入する。

　続いて、平面図中に断面図・部分詳細図（あるいは矩計図）の切断位置を記入する。切断位置は問題文の指定に従うのはもちろんのこと、上下階での切断位置がズレたりすることのないよう注意しよう。

延焼線を描くときは慎重に。
この時点で間違えると、修正がとても大変だよ。

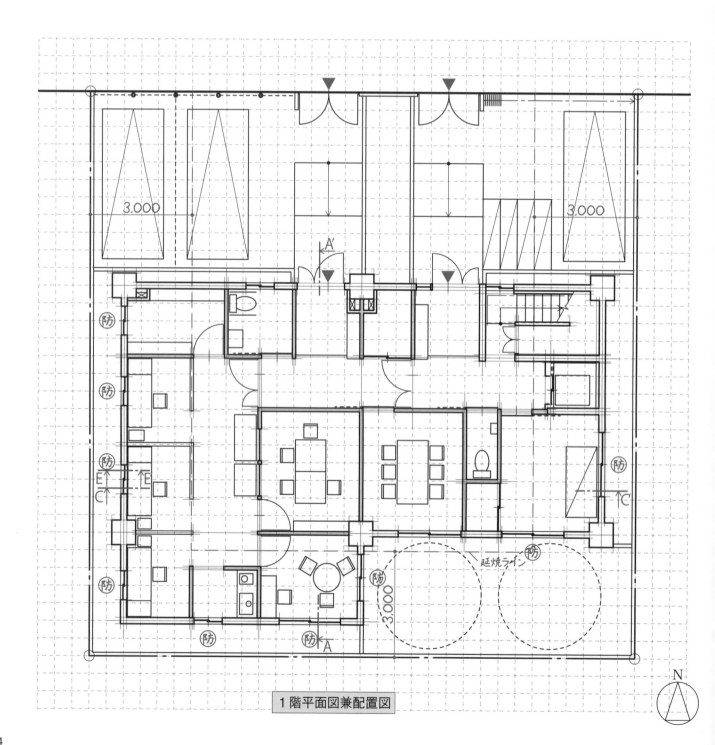

1階平面図兼配置図

作図効率向上のために、自ら設定した記号や略号がある場合は凡例を記しておこう。

例えば、火気使用室の換気扇の記載を求められた場合は、以下のように記載しておくと良いだろう。

注意

1、2階の構造的不整合は大きな減点になるので特に注意しましょう。

1・2階共通凡例

←⊗　換気扇

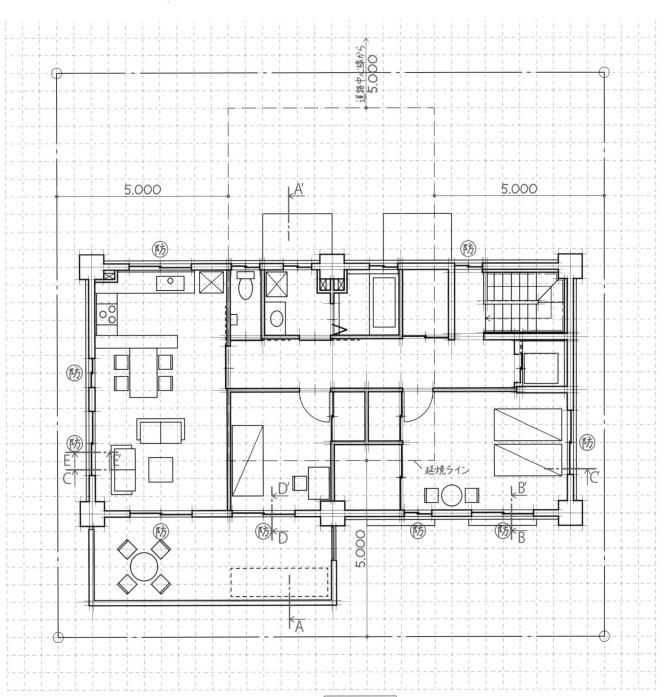

2階平面図

⑨ 寸法・室名の記入

室名を室のほぼ中央に記入する。

寸法の文字は、横線では線の上部に左から右へ、縦線では線の左に下から上へ記入する。

注意！

- 文字の大きさはそろえて書くようにしましょう！
- できるだけ丁寧に！（文字は、上手、下手より丁寧に書くことが大事！）
- 室名の記入もれは、室の欠落とみなされ、大きな減点になるので注意！

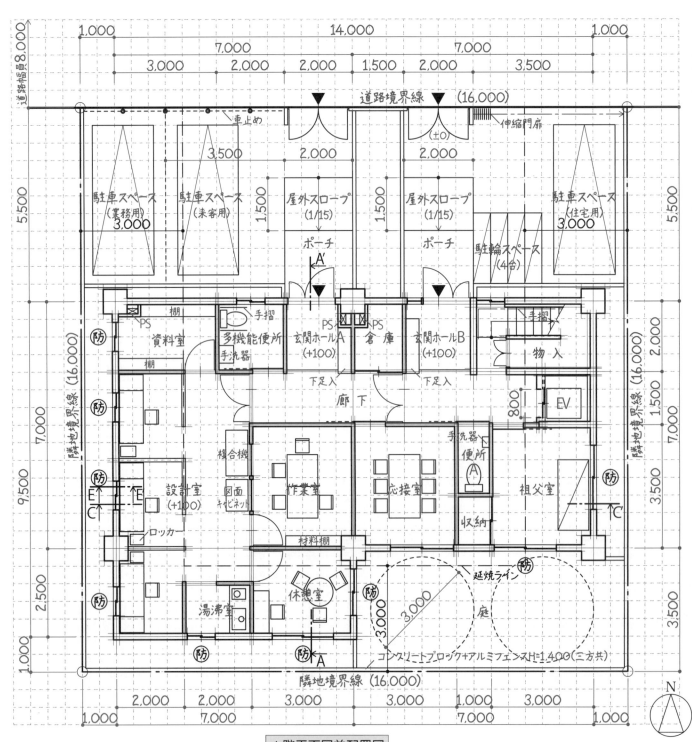

1階平面図兼配置図

●作図手順のアレンジ

家具・什器が描いてあると、室名が記入
しづらい場合があります。

その場合は⑦の手順に進む前に、室名だけ
先に記入しておくとよいでしょう。

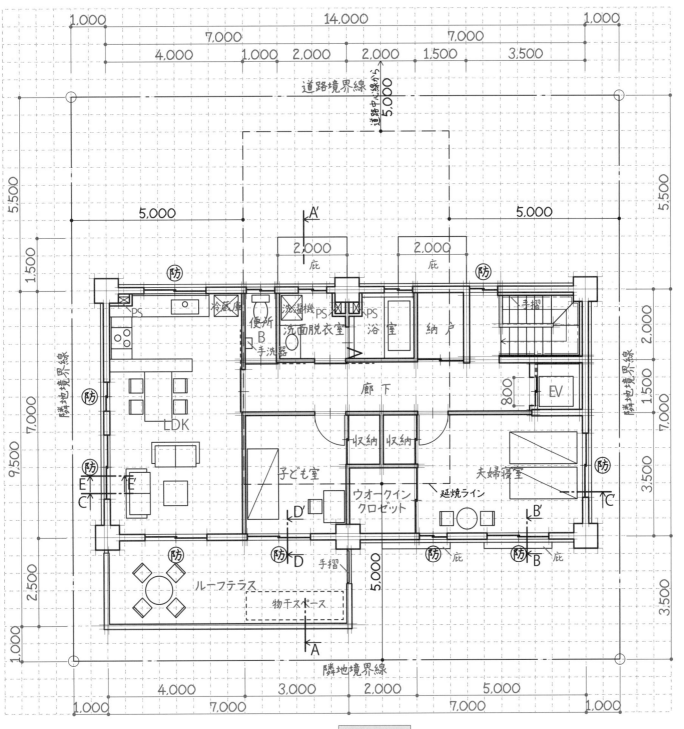

2階平面図

⑩ 植栽・ハッチング等の作図

樹木や、植栽を描く。続いてルーフテラスや、外構の目地、什器のハッチングなどを描き、完成となる。

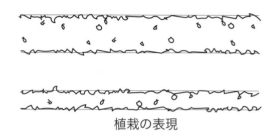

植栽の表現

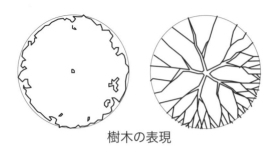

樹木の表現

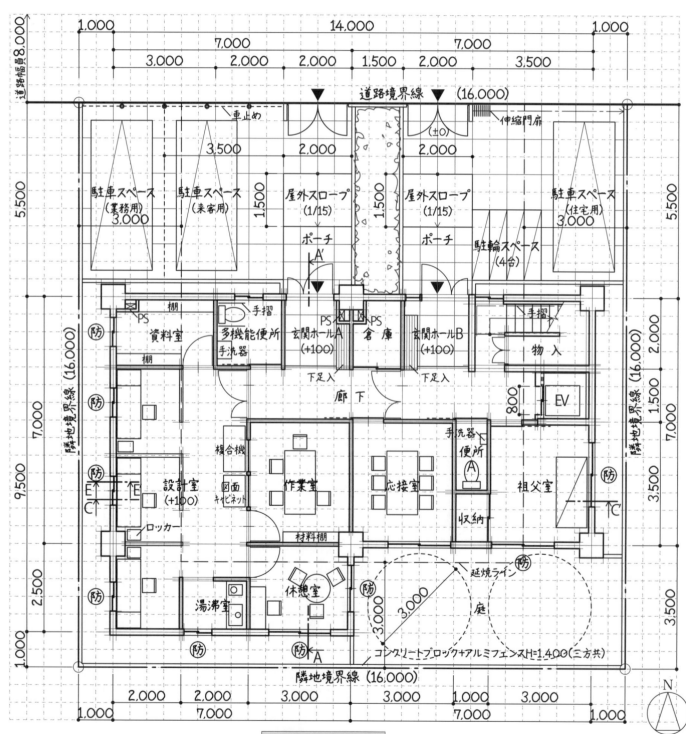

1階平面図兼配置図

⑪ 図面のチェック

他の図種をまんべんなく仕上げた後、図面のチェックを行う。
室名は入っているか、記載要求のあるものは全て描かれている
かなど、問題文を見ながらチェックしよう。チェックが終わっ
たら、試験の残り時間を見計らいながら、点打ちなどの仕上げ
表現によって、作図密度をあげるとよいだろう。

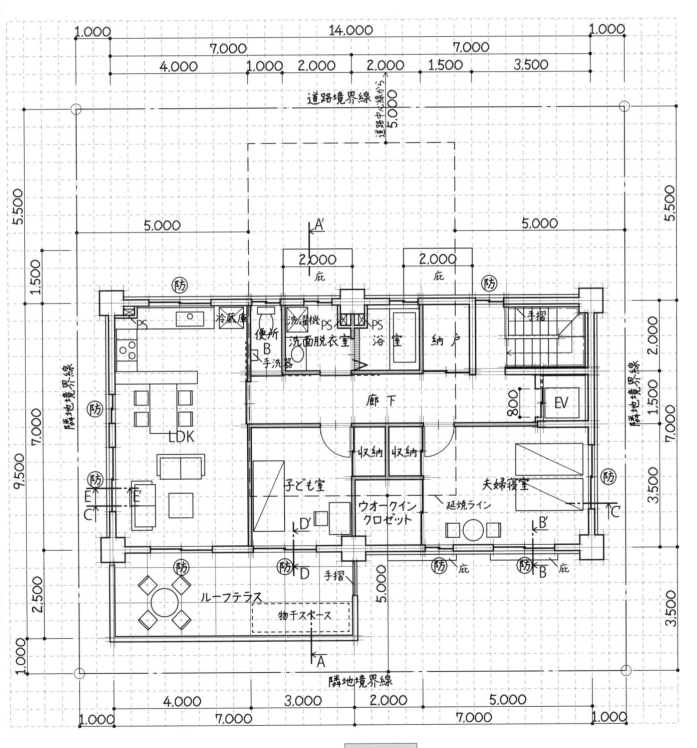

2階平面図

❻ 「計画の要点等」の対策

　「計画の要点等」は、建物を計画するにあたって、特に工夫、配慮した項目を記述形式で答えるものである。試験に導入された当初は、「箇条書き」程度の短文で解答するものであったが、昨今は、100～200字程度の文章による解答が求められつつある。

　近年、パソコンやモバイル端末の普及により、文章で相手とコミュニケーションを取ることや、手書きでの文書作成に苦手意識を持つ人が多い。設問で問われていることに、的確に、読みやすい文章で解答できるよう、記述解答に相応しい文書の書き方、技術を習得しよう。

試験の流れ	記述の流れ
問題文の読み取り	計画のヒントや、キーワードを探す
↓	
プランニング	
↓	
作図前チェック	プランとの整合性チェック
↓	
計画の要点等記述	**文書作成・記述**
↓	
作図	
↓	
最終チェック	誤字・脱字チェック

■ 記述のタイミング

　記述解答だからといって、後回しにするのではなく、面積表、仕上表などと同様、作図前に記入を終えるようにしたい。課題が要求していることにきちんと答えているか、プランとの整合性を確認してから作図に着手することで、作図中のプランニング案の再検討、やり直しといった事態を回避できる。加えて、試験の残り時間をすべて作図に充てられる点も大きなメリットである。

■ 記述の流れ

●問題文からヒントを得る

　出題者は、それぞれの課題について、「計画にあたり、どう対応したか」を問うているわけだが、これは「この点について工夫をしてほしい」というヒントにもなっている。具体的に課題文で考えてみよう。

(9) 計画の要点等	・建築物等の計画に関する次の①～③について、具体的に記述する。 　① 夫婦が働きながら家事をしやすいようにするに当たって、各室等の配置・動線計画について、工夫した点 　② 事務所部分における各室等の室内計画及び動線計画について、工夫した点 　③ 外構計画に当たって、既存樹木との関係について、工夫した点

　これを見ると、今回の建物を計画するにあたって

　①夫婦が働きながら家事をしやすい各室の配置・動線計画

　②事務所部分の室内計画及び動線計画

　③外構計画(既存樹木との関係)

　の3点について、要求室の計画や諸施設の配置をする上で、建築的な工夫あるいは配慮を求めているのがわかる。言い換えれば、ここに工夫や配慮がない計画では、出題者の要望、意図が理解できておらず、また応えてもいない、不適切な計画ということになる。

●キーワードの抽出

　設問の内容を正確に捉え、端的に解答することが重要である。その際、キーワードをメモしておくことも有効である。問題文の読み取り事例には、いくつかキーワードが記されているのがわかるだろう。

　たとえば、前ページ②の「事務所部分の室内計画及び動線計画」に対しては、「来客、執務の分離」、「事務所と住宅は近接」とメモがある。このキーワードは、日常生活において感じていることでも、学習によって得られたものでも構わない。重要なことは、出題に対し適切なキーワードを思い浮かべられるかどうか、またそのキーワードを念頭に置きながら、プランニングを行い、そのプランニング案と相違がないかを照合しながら、実際の記述を行うことができるかどうかである。日頃から答案例や、他の人の解答などに目を通すよう心がけよう。

> ⑥計画の要点等の確認
> 　記述内容を確認し、キーワードを書き留める。
> 　（計画のヒントとなるような記述もある。）

> ⑧計画の要点等
> 水廻りをまとめる
> 家事室の配置
> ・建築物等の計画に関する次の①～③について、具体的に記述する。
> ①夫婦が働きながら家事をしやすいようにするに当たって、各室等の配置・動線計画について、工夫した点
> ②事務所部分における各室等の室内計画及び動線計画について、工夫した点　来客、執務の分離　事務室と住宅は近接
> ③外構計画に当たって、既存樹木との関係について、工夫した点
> 　既存樹木を取り込んだ屋外テラス　居間(A)、居間(B)から見える

●アピールポイントの記述

　この「計画の要点等」は、文章を用いたプレゼンテーションであるといってよい。ただ「図面に描いたので読み取って欲しい」というのではなく、図面に描いたことを文章で説明できるチャンスであると捉えよう。

　前ページ③について、答案例をみてみよう。

計画	③外構計画に当たって、既存樹木との関係について、工夫した点：
	居間(A)に隣接し直接行き来できる屋外テラスは、敷地南東側にある既存樹木を取り込んだ計画とし、居間(A)の室内からも既存樹木を眺められる計画とした。

　「既存樹木を活かす」ために、「既存樹木を取り込んだ」屋外テラスを計画するだけではなく、そうすることによって屋外テラスに隣接する「居間(A)からの眺め」にも着目し、積極的に取り込もうと工夫した旨が記されている。

●記述内容と図面の整合性

　「計画の要点等」は、計画案において、工夫、配慮した項目を文章で説明するものであるから、その両者には整合性がなければならない。どんなにすばらしい計画案であっても、その案と記述に整合性がないと、課題の意図を理解していないとみなされてしまう。

●読みやすさに留意

　走り書きした文字や、誤字・脱字の多い文章では読みづらく、採点してもらえない恐れもある。上手でなくても丁寧に書くようにしよう。

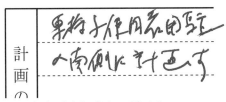

文字が走り書きで読めない

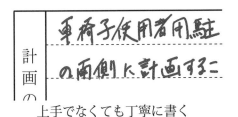

上手でなくても丁寧に書く

■ 文章の作り方

●文章の骨格をつくる

最初から長い文章を作ろうとすると、帳尻が合わなくなり、破綻をきたしてしまう。そこで、まず短い文章の骨格を作り、あとから肉付けしながら文章を作成する方法を身につけよう。

次のひな形に、出題の内容に沿ったキーワードや短文を当てはめて、骨格を作ってみよう。

○「Ａ」となるように、「Ｂ」した。

○「Ｂ」して、「Ａ」となるようにした。

「Ａ」には「目指す結果」、つまり、「問われていること」

「Ｂ」にはその結果になるように「すること、やったこと」、「図面で描いたこと」をいれる。

実際に、「省エネルギーについて、工夫した点」を問われた場合を考えてみる。省エネの代表的な例として「節電」、その手法として「こまめに消灯」が思いついたとしよう。その思いついた内容を、上記ひな形にあてはめ、「Ａ」に「節電」、「Ｂ」に「こまめに消灯」といれると、以下のように骨格が出来上がる。

計画	①省エネルギーについて、工夫した点: こまめに消灯して、節電となるようにした。 　　　Ⓑ　　　　Ⓐ

●キーワードで肉付けする

骨格が出来上がったとはいえ、このままでは文章としてあまりに短く、答案になっているとは言い難い。そのため、この骨格に幾つかのキーワードを加え、骨格を大きくしたり、肉付けをする必要がある。

まず、節電にかかわる手法は、「こまめに消灯」だけだろうか？

例えば「LED 電球を使用」すれば、消費電力が減り、節電になることは多く知られていることである。上記ひな形の「Ｂ」の候補として加えられるだろう。

次に、「こまめに消灯」するために、建築的にできることは何かを考えてみよう。「人力」ではなく、「自動的に」消灯するために必要な設備として、「人感センサー」を知っていれば、それはキーワードになり得る。

また、こまめに消灯する場所も重要である。家族が集まるリビングルームをこまめに消灯する必要はないだろう。人がいるときだけ点灯すれば良い場所、つまり廊下や階段、洗面所などで、「こまめに消灯」することによって節電効果がある。

以上の内容を、先の骨格に盛り込んでみると、次の文章のようになるだろう。

文章の肉付けに用いるキーワードは、多いに越したことはないが、設計からかけ離れたこと、ソフトウェア的なこと、思想哲学的なことでは役に立たない。「建築的に工夫したこと」を意識したキーワードを見つけ、うまく活用するようにしよう。

	①省エネルギーについて、工夫した点:
計画	<u>LED 電球を使って</u>、 ⓑ 　 ⓐ <u>消費電力を抑えた</u>。また、廊下と階段には人感センサーを設置し、<u>こまめに</u> <u>消灯することで</u> <u>節電となる</u>ようにした。 　　ⓑ 　　　　ⓐ

●文章の体裁を整える

　先の文章を改めて読んでみてどうだろうか。

　設問に対して、答えている内容は適切である。が、使われている「言い回し」や、短い文章構成であることから、記述解答の答えとしては、若干稚拙な文章だと言わざるをえない。

　ここでもう一工夫して、文章を一文にまとめてみよう。

	①省エネルギーについて、工夫した点:
計画	消費電力量の少ない <u>LED 電球の採用</u>と、人感センサーを用いた廊下と階段の照明の<u>こまめな</u> <u>消灯によって</u>、 <u>節電となる</u>ようにした。ⓑ 　ⓑ 　　　　ⓐ

　「工夫した手法」を整理し、その結果「節電となる」よう、文章を再構成し、二文に分かれていた文章を一文にまとめた。また、「使う」を「採用」と言い換え、設計の立場からの判断で得ることを強調した。

　このような調整は、一朝一夕にできるものではない。

　答案例の記述や、他の学院生の答案などに、積極的に触れるよう心がけよう。そしてその中から、自分にあった「表現」や、使いやすい「言い回し」を身につけよう。

> 読みやすさ、伝わりやすさに配慮しよう。

「努力」を「カタチ」にする。それが日建学院です。

1級建築士 学科関連コース

学科 スーパー本科コース 通学 Web 2025年受験対策

学科合格に拘った「プレミアム」講座

1級建築士学科関連コースの全コースをひとつに集結し、学科合格に拘った究極の「プレミアム」学科コース。基礎〜応用力の習得そして合格まで、あなたをサポートします。

開講日	2024年11月下旬 (予定)
対象	初学者から経験者 (受験資格のある方)
受講料	**790,000** 円（税込 869,000 円）

学習期間 入学から学科本試験日まで

■入学手続き完了後、すぐに学習することができます。
■受講年度学科合格の際は、設計製図本科コースが 特典学費 となります。

学科 本科コース 通学 Web 2025年受験対策

効率よく学ぶ学科のスタンダードコース

受験年度の前年11月からスタートし、基礎〜試験全範囲を効率よく学んでいくスタンダードコース。通学を基本に試験直前まで多様な学習プログラムで合格力を身につけます。

開講日	2024年11月下旬 (予定)
対象	初学者から経験者 (受験資格のある方)
受講料	**700,000** 円（税込 770,000 円）

学習期間 入学から学科本試験まで

■オプション講義入学特典あり。

学科理論 Webコース Web 2025年受験対策

インターネットで勉強したい方向け講座

通学が困難な方や、通学しないで学習を進めたい方へWebを利用して受講できるシステムです。Web講義なので、いつでもどこでも、また繰り返し受講する事が可能です。

配信日	2025年1月中旬 (予定) 〜 学科本試験日
対象	遠隔地で通学が難しい方など、初学者〜経験者 (受験資格のある方)
受講料	**300,000** 円（税込 330,000 円）

学習期間 約6ヵ月

■オプション講義入学特典あり。

※上記の内容は、変更になる場合がありますので予めご了承ください。

1級建築士 設計関連コース

設計製図 パーフェクト本科 通学 2025年受験対策

設計製図試験の本質から学ぶ試験対策講座

学科試験が免除され、設計製図試験のみを受験する方に、合格のための基礎〜応用力習得まで、本質から学ぶ長期計画型学習メソッド。合格に必要な事だけ全て養成します。

開講日	2025年3月上旬
対象	学科試験免除者
受講料	**650,000** 円（税込 715,000 円））

学習期間 約7ヵ月

設計製図 本科コース 通学 2024年受験対策

当年課題に即した試験対策講座

当年度本試験の課題に即し、課題の読み取りから作図まで、限られた期間でも効率よく合格可能な答案図を試験時間内に完成させる能力を養います。

開講日	2024年8月上旬 (予定)
対象	1級設計製図試験の受験資格のある方
受講料	**500,000** 円（税込 550,000 円）

学習期間 約2ヵ月

設計製図 Webコース Web 2024年受験対策

インターネットで勉強したい方向け講座

設計製図課題の通信添削とWeb映像講義による自宅学習支援システムです。設計製図試験に求められる課題の読み取りや作図力を学習し、合格力を養成します。

配信日	2024年3月上旬 〜 製図本試験日
対象	遠隔地で、通学が難しい方、休日が不定期の方、家事・育児などと両立したい方
受講料	**130,000** 円（税込 143,000 円）

学習期間 約6ヵ月

※上記の内容は、変更になる場合がありますので予めご了承ください。

全国統一公開模擬試験のお知らせ
新試験に対応した課題を実践レベルで体感し、適切な添削指導をうけるのが合格の秘訣

1級建築士 設計製図

試験日 2024年 9月28日 (土)
定員になり次第、締切り

● 課題の読み取り方がわかる！　● 計画力・製図力に自信がつく！
● 試験に対応した図面表現力が身につく！

スケジュール	試験説明	模擬試験	昼食 60分	解説講義	個別返却及び講評
	9:15〜9:30	9:30〜16:00		17:00〜17:30	17:30〜18:30
	15分	6時間30分		30分	約1時間

受験料 10,000円（税込 11,000 円）

※校によっては実施日が異なる場合がありますので、受験校にご確認ください。

資格取得は、夢を掴むためのスタートライン。日建学院では、一人ひとりの学習スタイルにあった様々なコースを提供しています。プロとしての第一歩を踏み出すために、自分にあった最適のコースがあります。他コース・詳細はホームページをご覧ください。

近年、難易度を増す建築士国家資格試験。最新の試験情報や、自分にあった効率の良い学習法の選択が試験の合否を左右します。日建学院の「建築士講座」は、幅広いコース設定で受験生一人ひとりを全力でサポート。私たちが「努力」を「カタチ」にするお手伝いをさせていただきます。

日建学院

2級建築士 学科関連コース

学科 スーパー本科コース 通学 Web 2025年受験対策
学科合格に拘った「プレミアム」講座
2級建築士学科関連コースの全コースをひとつに集結し、学科合格に拘った究極の「プレミアム」学科コース。基礎〜応用力の習得そして合格まで、あなたをサポートします。

開講日	2024年12月中旬 (予定)
対象	初学者から経験者 (受験資格のある方)
受講料	620,000 円（税込 682,000 円）

■入学手続き完了後すぐに学習することができます。
■オプション講義入学特典あり。

学習期間 入学から学科本試験日まで

学科 問題解説コース 通学 Web 2025年受験対策
効率よく合格力を磨くアウトプット学習講座
4月からスタートし、問題を解きながら効率よく学ぶアウトプット学習。通学を基本に試験直前まで短期に合格に必要な事だけに絞ったプログラムで合格力を身につけます。

開講日	2025年4月中旬 (予定)
対象	初学者から経験者 (受験資格のある方)
受講料	210,000 円（税込 231,000 円）

■オプション講義入学特典あり。

学習期間 約3ヵ月

※上記の内容は、変更になる場合がありますので予めご了承ください。

2級建築士 設計関連コース

設計製図 パーフェクト本科 通学 2025年受験対策
設計製図試験の本質から学ぶ試験対策講座
学科試験が免除され、設計製図試験のみを受験する方に、合格の為の基礎から応用力習得まで、本質から学ぶ長期計画型学習メソッド。合格に必要なことを全て養成します。

開講日	2025年2月中旬
対象	学科試験免除者
受講料	520,000 円（税込 572,000 円）

学習期間 約7ヵ月

設計製図 本科コース 通学 2024年受験対策
当年度課題に即した試験対策講座
当年度本試験の課題に即し、課題の読み取りから作図まで、限られた期間でも効率よく合格可能な答案図を試験時間内に完成させる能力を養います。

開講日	2024年7月中旬
対象	2級設計製図試験の受験資格のある方
受講料	420,000 円（税込 462,000 円）

学習期間 約2ヵ月

設計製図 Webコース Web 2024年受験対策
インターネットで勉強したい方向け講座
設計製図課題の通信添削とWeb映像講義による自宅学習支援システムです。設計製図試験に求められる課題の読み取りや作図力を学習し、合格力を養成します。

配信日	2024年3月上旬 〜 学科本試験日
対象	遠隔地で、通学が難しい方、休日が不定期の方、家事・育児などと両立したい方
受講料	130,000 円（税込 143,000 円）

学習期間 約6ヵ月

※上記の内容は、変更になる場合がありますので予めご了承ください。

全国統一公開模擬試験のお知らせ
公表された合格基準による添削指導と実力分析が合格の秘訣

2級建築士 設計製図

試験日 2024年9月7日(土)
定員になり次第、締切り

● 数値化採点により今の実力がわかる!
● 本試験対策も個別にアドバイス!

試験直前の総仕上げ!

スケジュール	試験説明	模擬試験	昼食	解説講義	個別返却
	9:15〜9:30	9:30〜14:30	60分	15:30〜16:30	16:30〜17:30
	15分	5時間		1時間	1時間

受験料 10,000円（税込 11,000 円）

※校によっては実施日が異なる場合がありますので、受験校にご確認ください。

▶ ▶ ▶   http://www.ksknet.co.jp/nikken/

株式会社 建築資料研究社 日建学院

【正誤等に関するお問合せについて】

本書の記載内容に万一、誤り等が疑われる箇所がございましたら、**郵送・ＦＡＸ・メール等の書面**にて以下の連絡先までお問合せください。その際には、お問合せされる方のお名前・連絡先等を必ず明記してください。また、お問合せの受付け後、回答には時間を要しますので、あらかじめご了承いただきますよう、お願い申し上げます。

なお、正誤等に関するお問合せ以外のご質問、受験指導および相談等はお受けできません。そのようなお問合せにはご回答いたしかねますので、あらかじめご了承ください。

お電話によるお問合せは、お受けできません。

[郵送先]
〒171-0014
東京都豊島区池袋2-38-1 日建学院ビル ３Ｆ
建築資料研究社 出版部
「令和6年度版 ２級建築士 設計製図試験課題対策集」正誤問合せ係
[FAX] 03-3987-3256
[メールアドレス] seigo@mx1.ksknet.co.jp

【本書の法改正・正誤等について】

本書の記載内容について発生しました法改正・正誤情報等は、下記ホームページ内でご覧いただけます。

なおホームページへの掲載は、対象試験終了時ないし、本書の改訂版が発行されるまでとなりますので予めご了承ください。

https://www.kskpub.com ➡ 訂正・追録

＊DTP編集／新藤 昇（Show's Design株式会社）
＊装　　丁／齋藤 知恵子（sacco）
＊イラスト／なのむら

令和6年度版　２級建築士 設計製図試験課題対策集

2024年7月20日　初版第1刷発行

編　　　著　日建学院教材研究会
発　行　者　馬場 栄一
発　行　所　株式会社　建築資料研究社

〒171-0014　東京都豊島区池袋2-38-1　日建学院ビル　３Ｆ
TEL 03-3986-3239　FAX 03-3987-3256
https://www.kskpub.com
印刷・製本　シナノ印刷株式会社

購入者限定 WEB 付録！
（QR コードからの申込者全員にもれなく）

① 本書未収録 1 課題（PDF）ダウンロード
② 本年の課題のポイントと収録課題を詳細説明した
　 課題対策動画（YouTube）視聴
※ なお、本 WEB 付録のご利用は令和6年9月15日（日）までとなります。

【申込方法】
封封筒内用紙記載の QR コードからお申込み
令和6年9月12日受付終了
※ それぞれ必要事項は必ず入力してください。不備があると、受付できません。

※ お申込み後、サンクスメールにて、WEB 付録を利用するための
専用ページの案内と、パスワードをお送りいたします。必ず保存して下さい。
※ お申し込み状況の確認については、
日建学院コールセンター（ 0120-243-229）まで
注意！ 付録はすべて WEB 完結となります。
WEB 環境を整えたうえでお申込みください。

日建学院「設計製図試験対策講座」

日建学院では、設計製図試験対策の各種講座をご用意しております。
興味のある方は、HP から資料請求（無料）してみてください。
※右記 QR コードから簡単に資料請求が可能ですのでご利用ください。